曲阜的鲁班
世界的鲁班

杨朝明 主编

工圣艺圣
科技之父
百工之祖
敕封北城侯

济南出版社 汉唐书局

图书在版编目（CIP）数据
曲阜的鲁班 世界的鲁班 / 杨朝明主编. -- 济南 :
济南出版社, 2025. 6. -- ISBN 978-7-5488-7269-6
Ⅰ. K826.16
中国国家版本馆CIP数据核字第20252AF495号

曲阜的鲁班 世界的鲁班
QUFU DE LU BAN SHIJIE DE LU BAN
杨朝明 主编

出 版 人 谢金岭
出版统筹 冀瑞雪
责任编辑 李家成 滕 潇 王亚楠
封面题字 罗 杨
封面设计 谭 正

出版发行 济南出版社
地 址 山东省济南市二环南路 1 号（250002）
编 辑 室 0531-82926535
总 编 室 0531-86131715
印 刷 山东成信彩印有限公司
版 次 2025 年 6 月第 1 版
印 次 2025 年 6 月第 1 次印刷
开 本 170mm × 240mm 16 开
印 张 11.75
字 数 137 千字
书 号 978-7-5488-7269-6
定 价 68.00 元

如有印装质量问题 请与出版社出版部联系调换
电话：0531-86131736

《曲阜的鲁班·世界的鲁班》编辑委员会

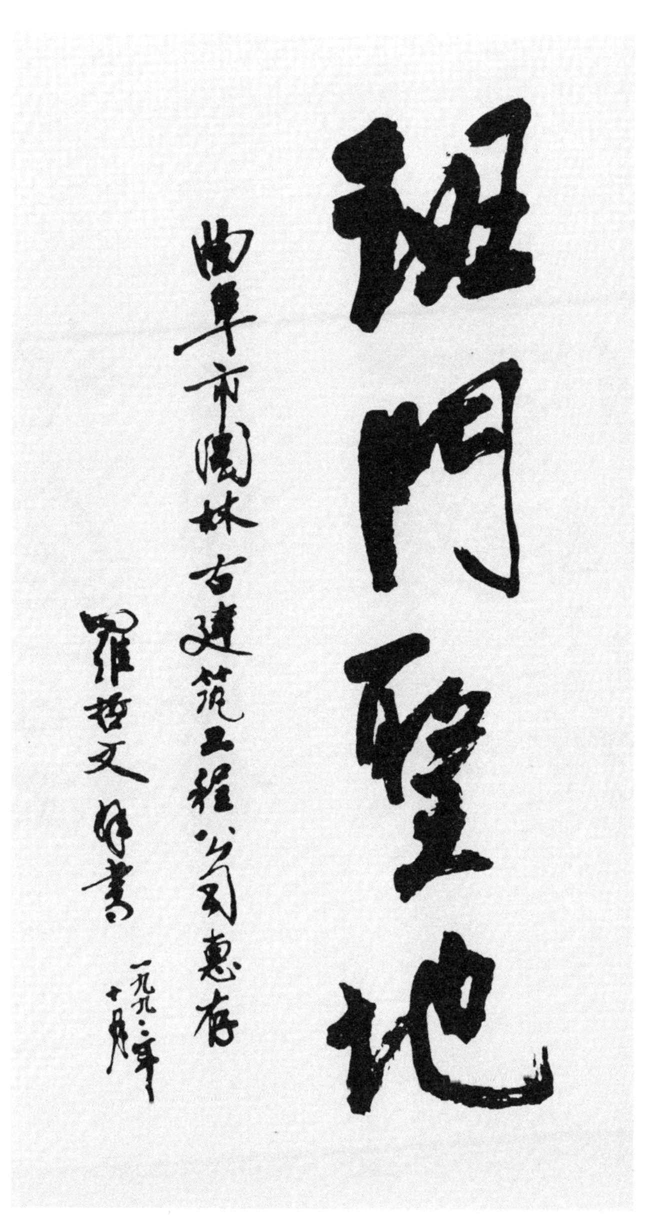

1992 年 10 月，中国国家文物局古建筑专家组组长、中国文物学会会长罗哲文大师为曲阜题词

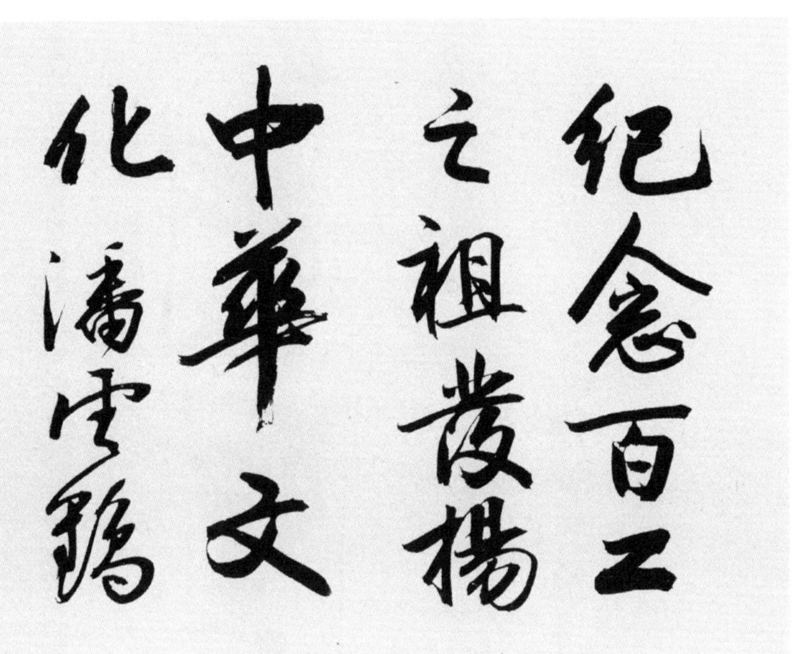

2006年9月，中国工程院常务副院长潘云鹤在观看中国曲阜巧圣鲁班文化展预展后欣然题词

2006 年 12 月，中华孔子学会孔子后裔儒学促进会会长、孔子世家谱常态化续修工作协会荣誉会长兼执行会长、香港知名人士孔德墉在考察曲阜后题词

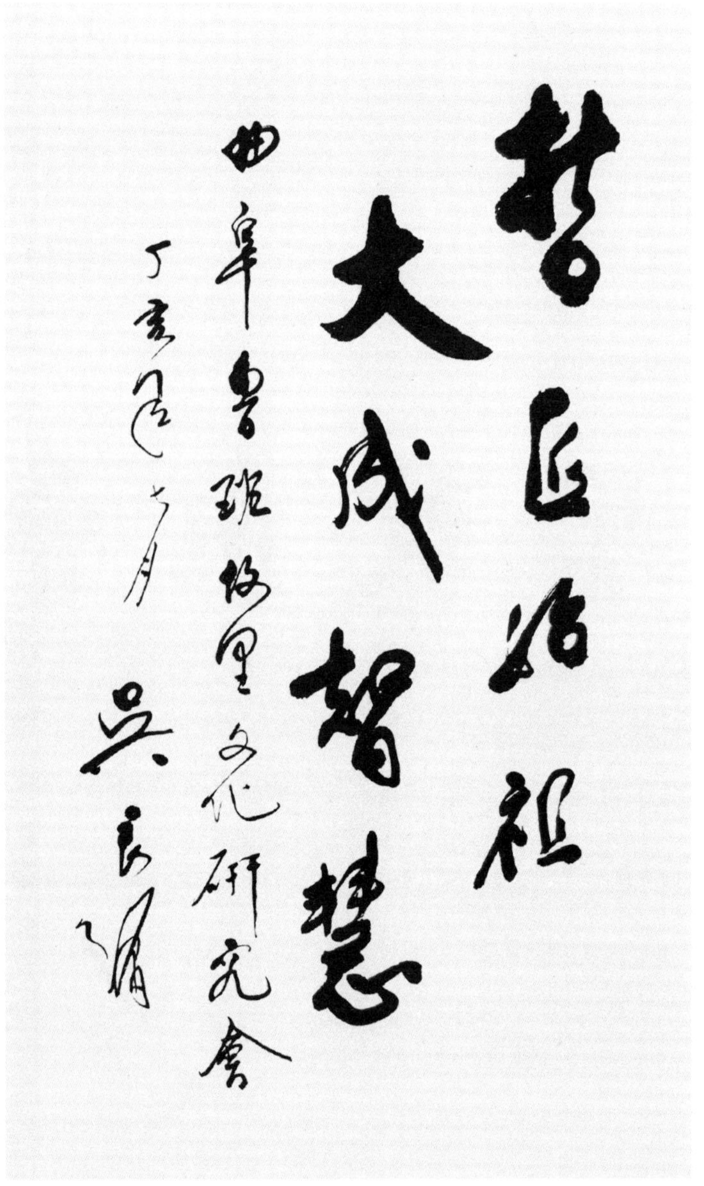

2007年7月，中国两院院士、清华大学教授吴良镛为曲阜市鲁班文化研究促进会（现为曲阜鲁班研究会）题词

目　录

绪言　从曲阜走出的世界鲁班

在华夏文明源远流长的历史长河中，鲁班的名字犹如一颗璀璨的星辰，熠熠生辉。他在中国古代是工匠精神的杰出代表，其后更是跨越时空，成为世界范围内技艺与创新的象征。他的创造发明很多，影响极大。鲁班是战国初年的鲁国人，在中国历史上产生了巨大影响，而今他的影响早已走出中国，走向世界。他是曲阜的鲁班、中国的鲁班，也是世界的鲁班。

鲁班，这位诞生于两千多年前的传奇工匠，出生于鲁都曲阜。据新发现的材料，我们对他的身世有了更为清晰的认知，得知其为鲁穆公次子。身为鲁穆公的第二个儿子，鲁班并未沉醉于宫廷的荣华富贵，而是凭借着对工艺的热爱与天赋，投身于民间的技艺世界。曲阜，这座承载着深厚文化底蕴的城市，孕育了鲁班的智慧与灵感。鲁国的礼乐文化、丰富的物质生活及开放包容的社会环境，都为鲁班的成长提供了肥沃的土壤。在这里，他汲取着先人的智慧，观察着生活的细节，开启了他传奇的工匠生涯。

鲁班的一生，是创造发明的一生，他的成就斐然。在建筑领域，他的创造极大地推动了古代建筑技术的进步。他发明的曲尺（也就是我们现在所说的鲁班尺）刻度精准，为工匠们在测量和施工时提供了极大的便利，使得建筑的结构更加规范、精确。墨斗的发明同样意义非凡，它利用墨线弹出直线，为木材的加工和建筑的搭建确定了标准，保证了建筑结构的稳定性和美观性。这些工具的发明，不仅提高了工作效率，而且奠定了中国传统建筑工艺的基础，让后世的建筑工匠们得以遵循精确的标准进行建筑施工。

在木工技艺方面，鲁班的贡献更是卓越。传说他受到野草叶片边缘锯齿的启发，经过反复试验和改进，发明了锋利的锯子。这一发明彻底改变了木材获取和加工的方式，使得木材的切割变得更加高效、便捷。在此之前，人们伐木、加工木材往往需要耗费大量的时间和精力，而锯子的出现，大大提高了相关行业的工作效率，为建筑、家具制作等行业的发展提供了有力的支持。鲁班还发明了刨子，能够将木材表面刨平，使其更加光滑平整，为家具制作和装饰工艺的发展创造了条件。他的这些发明，让木工技艺达到了一个新的高度，后世的木工们无不以他为楷模，传承和发扬着他的技艺。

鲁班的影响不仅仅局限于工具和技艺的发明，更在于他所代表的工匠精神。在那个生产力相对低下的时代，鲁班对每一个作品都倾注了无尽的心血，追求着极致的完美。他的精益求精体现在每一个细节之中，无论是一根梁柱的制作，还是一个榫卯的连接，都力求做到精确无误。这种对技艺的执着追求和对品质的严格要求，成为工匠精神的核心内涵。在现代社会，我们大力提倡工匠精神，鲁班的精神无疑是最好的典范。它激励着当代工匠，无论从事何种行业，都要以高度的责任感和敬业精神，用心去雕琢每一个产品，用专注和执着去追求卓越。

随着时代的发展，鲁班的影响力逐渐走向世界。如今，世界各地建立的鲁班工坊，成为传播中国工匠精神和推广职业教育的重要平台。鲁班工坊以鲁班的名字命名，旨在将中国先进的职业教育理念和技术标准传播到世界各地。在这里，来自不同国家和地区的学生学习中国的先进技术和工艺，感受鲁班精神的魅力。通过鲁班工坊，中国的工匠精神与世界各国的文化相互交流、相互融合，促进了全球职业教育的发展和技术的进步。在鲁班工坊里，学生们不仅学习到了实用的技能，更重要的是，他们领悟到了一种对工作的敬畏之心和对技艺的不懈追求，这种精神将伴随他们一生，影响着他们的职业发展和人生道路。

从曲阜的土地上走出的鲁班，他的智慧和精神跨越了时空的界限，成为全人类共同的财富。他的创造发明不仅改变了中国古代的生产生活方式，提高了生产效率，也为世界文明的发展做出了重要贡献。在当今全球化的时代，我们更应该传承和弘扬鲁班的工匠精神，让这种精益求精、追求卓越的精神在世界的每一个角落生根发芽。无论是在科技创新的前沿领域，还是在传统工艺的传承发展中，鲁班精神都将激励着我们不断探索、不断创新，为人类社会的进步和发展而努力奋斗。

曲阜的鲁班，是中国历史文化的瑰宝；世界的鲁班，是人类文明进步的象征。让我们铭记鲁班的功绩，传承他的精神，让鲁班的智慧之光永远闪耀在人类历史的长河中。在未来的日子里，希望更多的人能够以鲁班为榜样，在各自的领域追求卓越，用创新和匠心书写属于自己的辉煌篇章，让鲁班精神在新时代焕发出更加耀眼的光芒，让世界因鲁班精神的传承与弘扬而变得更加美好。

一、鲁国走出百工祖

鲁班，原名公输班，自幼浸润在手工技艺中，凭借天赋与努力，在工艺领域崭露头角。从多方面来看，他很可能是鲁国“匠师”，这一身份对其个人成就及鲁国手工业的发展意义重大。我们通过对历史文献、家族族谱、出土文物等进行研究，现确证鲁班为鲁穆公次子，他对诗书、礼乐不感兴趣，却钟情于民间工艺，发明众多工具，成为百工鼻祖。

（一）鲁班身世出确证

鲁班，作为中国古代科技与工艺领域的传奇人物，其身世一直是学界和民间共同关注的焦点。长期以来，由于历史久远、资料散佚，鲁班的身世笼罩在一层神秘的面纱之下，充满了猜测与争议。然而，随着近年来对历史文献、家族族谱及鲁国地域文化的深入挖掘和研究，关于鲁班身世的诸多谜团逐渐被揭开，为我们还原了一个更为真实、立体的鲁班形象。

族谱是研究鲁班身世的重要依据。2019 年 10 月底，在曲阜召开的山东、陕西、河南三省传承周公文化座谈会结束后，曲阜儒源集团董事长姬长文和汶上姬氏家谱的编修者姬生义向济宁市政协文史委主任、《鲁国春秋》的作者

清光绪九年癸未重修《姬氏家志》

杨义堂赠送了《姬氏志》，一套是光绪年间的旧谱，有 6 卷，一套是 2018 年新编纂的，有 20 卷。

2020 年，杨义堂准备重新删改《鲁国春秋》。核对资料时，他仔细研究了《姬氏志》，发现其中的周天子世系和鲁国历代国君世系按照干支纪年，与《尚书》等历史文献和考古发现能对得上号，且对鲁国历代国君、国君之子的介绍详细，有许多新资料。经与编修者姬生义反复沟通，了解了这套家谱的来龙去脉。在此过程中，杨义堂竟然意外地在济宁汶上（古为鲁国中都）发现了《姬氏志》中鲁班（公输子）是鲁穆公次子的记载，解开了鲁班出身和年代的谜团。

在众多族谱资料中，济宁汶上这部光绪年间的《姬氏志》尤为引人注目。姬姓是鲁国的国姓，周代王族便是姬姓，周公的封国即为鲁国。《姬氏志》作为鲁国国君后裔的家谱，具有极高的史料价值。这个家族传承有序，他们是鲁国国君的嫡系后裔，《姬氏志》从汉代以来不断得到续修，现存有 1883 年（清光绪九年）、1935 年、1989 年、2018 年四个版本。该家谱只在家族内部流传，秘不示人，这种传承方式保证了其资料的相对真实性和可靠性。《姬氏志》中对鲁国历代国君世系按照干支纪年记录，与《尚书》等历史文献和近年来的考古发现皆能对应，其对鲁国历代国君、国君之子的介绍比较详细，包含很多此前未见过的资料，进一步证明了其记载的可信度。从人物关系看，公输子和墨子是同时期的人，与《姬氏志》中鲁班为鲁穆公之子的记载在时间和人物活动上一致。

此前关于鲁班的出身和年代一直是个谜，而《姬氏志》明确记载鲁班是鲁穆公的次子，为鲁班的身世提供了确切的家族世系信息，这一记载解开了重大历史之谜。结合鲁国当时的手工工艺发展水平，鲁班能发明众多工具，与他作为鲁穆公之子且生活在手工技艺发达的鲁国这一背景相契合，从侧面证明了《姬氏志》记载的合理性。

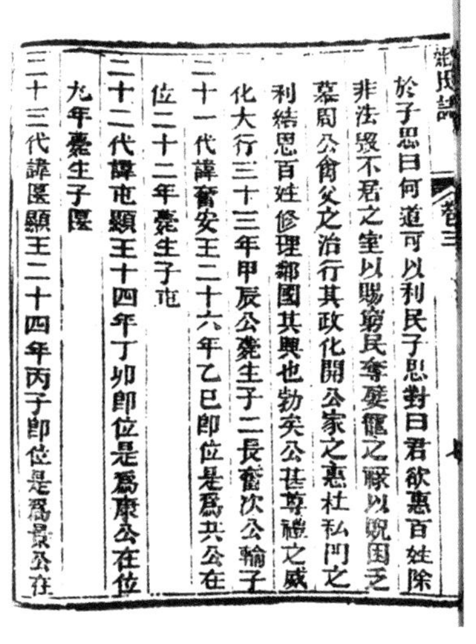

於子思曰何道可以利民子思對曰君欲惠百姓除
非法毀不君之室以賜窮民奪嬖寵之祿以贶國乏
慕周公負父之治行其政化開公家之惠杜私門之
利結恩百姓修理鄒國其興也勃矣公甚尊禮之威
化大行三十三年甲辰公薨生子二長奮次公輸子
二十一代諱奮安王二十六年乙巳即位是爲共公在
位二十二年薨生子屯
二十二代諱屯顯王十四年丁卯即位是爲康公在位
九年薨生子匽
二十三代諱匽顯王二十四年丙子即位是爲景公在

《姬氏志》的相关记载

鲁穆公在位 30 余年，其长子姬奋即鲁共公，在位 20 余年，公输子应生活在其父兄在位时期。从《姬氏志》的记载可以看出，鲁班在鲁国的历代公子中是个独特的存在。他在学习诗书、演习礼乐方面并不积极，却对民间制作工艺情有独钟。他凭借自己的聪明才智和勤奋努力，制作了各种工具，相传锯、矩尺、墨斗、云梯等工具均为他所发明。作为鲁穆公的儿子，他能够带领工匠们干活，受到工匠们的喜爱和尊敬，被尊称为“鲁班”或“公输子”。后来，人们把许多工匠用的工具的发明都归功于他，他也因此被奉为木匠、石匠、泥瓦匠等百工的鼻祖。

除了传世文献和家族族谱，出土文物和考古发现也为鲁班的身世研究提供了新的视角。虽然目前尚未发现直接与鲁班相关的出土文物，但鲁国故城遗址的考古发掘成果为我们了解当时的社会经济和手工业发展状况提供了重要线索。在对鲁国故城遗址发掘中，发现了冶铜、冶铁、制骨和制陶等手工业作坊九处，这表明鲁国当时手工业发达，内部分工细密，为鲁班这样的工匠提供了良好的成长环境。

在鲁国故城遗址还出土了大量与手工业生产相关的工具和器物，这些文物的制作工艺精湛，反映出鲁国手工业者高超的技艺水平。这些发现与文献中关于鲁班技艺高超的记载相互印证，进一步证明了鲁班生活在一个手工业繁荣的地区和时代，他的技艺正是在这样的环境中得以孕育和发展。

鲁国是西周初年周公的封国，周公制礼作乐，使鲁国成为周代礼乐文化的重要传承者。在这种文化氛围的熏陶下，鲁国的社会秩序稳定，文化教育发达，为手工业的发展提供了良好的社会环境。

鲁国的手工业传统源远流长。商代时，这里就是商奄古都，有着一定的手工业基础。西周初年，周成王将条氏、徐氏、萧氏、索氏、长勺氏、尾勺氏的殷民六族封给伯禽，这些家族中许多人都是工匠，他们带来了先进的手工技艺，进一步促进了鲁国手工业的发展。

鲁魏公时期，在曲阜城东的防山西麓建设陵墓，开山凿洞需要高超的技术；鲁僖公时期，鲁国建起了闵宫和泮宫，公子子鱼赋诗称赞其建筑工艺；鲁国大夫臧文仲为大蔡之龟修的小房子雕梁画栋，斗拱和椽子上都有精美的装饰。这些都充分展示了鲁国建筑工艺的高超水平，也为鲁班的技艺成长提供了丰富的滋养。

在鲁国，手工业者有着“同业相聚”“父子相承”的传统。西周以来，“工商食官”制度使得官府对手工业者进行集中管理和培训，保证了技艺的传承和发展。鲁国的“匠师”负责管理手工业者，他们不仅拥有高超的技艺，还肩负着传承和发展鲁国手工工艺的重任。

鲁班自幼接触各种手工技艺，他在继承传统技艺的基础上，不断创新和改进，逐渐形成了自己独特的工艺风格，成为鲁国手工工艺的杰出代表。

在鲁国历史文化的研究中，鲁班身世的确证丰富了我们对鲁国社会经济、文化教育及手工业发展的认识。鲁国作为周朝礼乐文化的重要传承者，其在科技领域的成就同样不可忽视。鲁班的故事与成就，为我们展现了鲁国历史文化的多元性和丰富性，也让我们看到了鲁国在推动中国古代文明发展进程中的重要贡献。

鲁班身世的确证是历史研究领域的一项重要成果，它为我们打开了一扇了解中国古代科技文化和工匠精神的窗口。通过对鲁班身世的深入探究，我们更加全面、深入地认识了这位传奇人物，也为进一步研究中国古代历史文化提供了宝贵的资料和启示。在未来的研究中，我们应继续深入挖掘与鲁班相关的历史资料，传承和弘扬鲁班文化与工匠精神，为推动文化传承和社会发展做出更大的贡献。

（二）鲁国公室公输班

鲁班是鲁国国君穆公之子，属于妥妥的贵族出身，却具有工匠身份。鲁国作为周朝的重要封国，其贵族体系复杂且有序，拥有深厚的文化底蕴与丰富资源，为鲁班的成长营造了得天独厚的环境。

这种环境使得鲁班自幼便浸润在各类手工技艺的世界里，耳濡目染之下，他对木工、机械制造等领域展现出了浓厚的兴趣。

西周以来，“工商食官”制度盛行，具有专门技艺的工匠和手工业作坊都由官府掌控。鲁国作为周礼的践行者，对手工业的管理尤为严格和规范。在这样的背景下，鲁班从小就有机会观摩和学习各种手工技艺，接受优秀工匠的悉心教导，这为他日后在工艺领域的卓越成就奠定了坚实的基础。

鲁班自幼便展现出了非凡的天赋和对技艺的执着追求。在环境的熏陶下，他对各类手工技艺的兴趣愈发浓厚。小时候，他常常沉浸在观察工匠们劳作的过程中，专注地看着他们如何使用工具，如何将原材料变成精美的器物。这种对技艺的热爱驱使他主动学习，不断尝试自己动手制作一些简单的物件。他对细节的关注和对完美品质的追求，在这个时期就已初露端倪。

在成长过程中，鲁班接触到了丰富多样的技艺知识，不仅包括木工技艺的基本技巧，还包括力学、数学等方面的知识，这些知识为他日后的发明创造提供了重要的理论支撑。例如，在学习木工时，他了解到木材的纹理和特性，懂得如何根据不同的木材选择合适的工具和加工方法；在学习力学知识时，他明白了杠杆原理、重心平衡原理等在器械设计中的应用，这使他能够设计出更加合理、高效的工具和器械。

鲁班凭借着自己的天赋和努力，在工艺领域崭露头角。他的才华不仅体现在对传统技艺的熟练掌握上，而且体现在他对技艺的创新和突破上。他不断尝试新的材料、新的工艺，设计出许多前所未有的工具和器械，为鲁国手工业的发展做出了重要贡献。

在鲁班的成长过程中，还有一些传说和故事流传下来，虽然这些传说可能带有一定的神话色彩，但它们从侧面反映了鲁班在人们心中的地位和影响力。例如，传说鲁班曾经在泰山之南的小和山隐居，在那里他遇到了一位异人，得到了一些秘诀和启示，从而使他的技艺得到了进一步的提升。这个传说虽然无法考证其真实性，但它表达了人们对鲁班高超技艺的惊叹，引发了人们对他神秘经历的探索欲望。

从公输般到鲁班，这个名字的变化也有着一段有趣的演变过程。在古代典籍中，对他的称呼并不统一。《世本》《战国策》《吕氏春秋》《汉书》《列子》等书称他为公输般，《墨子·公输》称他为公输盘，《后汉书》称他为公输班。这些称呼中，姓均为公输，而名中的般、盘、班在古代可以通用，指的都是同一人。《墨子·鲁问》《孟子·离娄上》中称他为公输子，这是对公输般的尊称。

至少在两汉时期，就已经开始出现将公输般的姓氏换成“鲁”的情况。西汉《淮南子·齐俗训》中称“鲁般、墨子以木为鸢而飞之，三日不集”，东汉王充所著《论衡·儒增》也有类似记载。到东汉末年，经学家赵岐在注释《孟子·离娄上》时说“公输子，鲁班，鲁之巧人也；或以为鲁昭公之子”；高诱在《吕氏春秋·爱类》注中更明确地讲：“公输，鲁般之号也。”这些记载表明，当时人们已经普遍将鲁班和公输般视为同一人。

然而，从晋代起，出现了一种“公输般和鲁班是两个人”的说法。晋代葛洪在《抱朴子·辨问》中有“班输倕翟，机械之圣也”的记载，有人据此认为“班输倕翟”指的是四个人，即鲁班、公输般、工倕、墨翟。此后，在南朝陈徐陵所编《玉台新咏》、唐代吴兢编修的《古乐府》等作品中，也出现了“公输与鲁班”这样的表述，使得这种误解进一步传播。直到清代小学（文字学、训诂学、音韵学的总称）大盛之后，学者王引之指出“与”意为“谓”“以”，1948 年余冠英先生在《说“公输与鲁班”》（《文学杂志》1948 年第 9 期）一文中对此进行了详细解说，才澄清了这一误解，明确鲁班就是公输般。

明朝午荣等编的《鲁班经匠家镜》卷三《鲁班仙师源流》记载“师讳班，姓公输，字依智”，也为我们了解鲁班的名号提供了参考。

鲁班在社会环境的影响下，凭借着自己的天赋和努力，成为一位杰出的工匠，为后世留下了无数宝贵的财富。他的故事和成就不仅是公输家族的骄傲，更是鲁国历史文化的重要组成部分，对中国古代科技文化的发展产生了深远的影响。

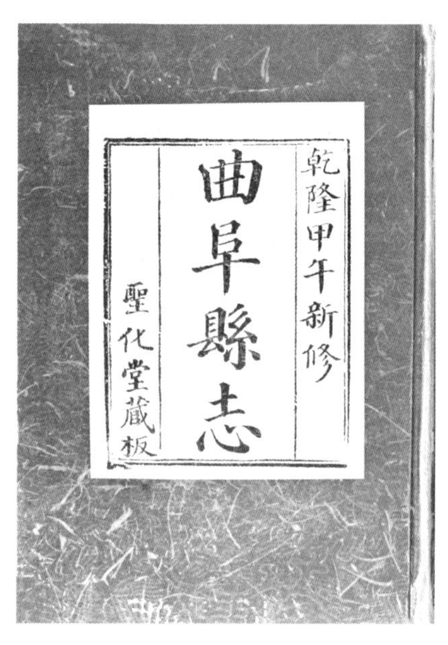

清乾隆甲午新修《曲阜县志》

（三）鲁国匠师公输子

鲁班是鲁国的“匠师”。从相关文献记载和鲁国的历史背景来看，这一说法有较为充分的依据。这些证据不仅体现了鲁班在鲁国手工业领域的重要地位，也反映出他与鲁国工匠群体的紧密联系。

鲁班作为鲁国“匠师”，其地位非同一般，其匠师身份对个人事业的成就以及鲁国手工业的蓬勃发展帮助巨大。鲁班自幼深受家族技艺的熏陶，这无疑为他日后成长为杰出工匠铸牢了根基。在鲁国手工业“工商食官”的制度框架下，官府牢牢掌控着工匠与手工业作坊。从考古资料

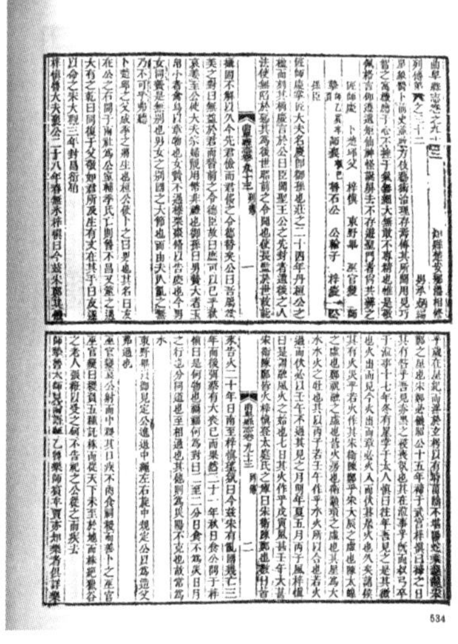
清乾隆甲午新修《曲阜县志》中关于鲁国工匠的记述

看，鲁国都城曲阜作为首屈一指的手工业中心，会聚了大量手工业者。具有鲁国“匠师”身份的鲁班，在此充分发挥管理与技术指导的关键职能，极大地推动了鲁国手工业的进步。

鲁班作为鲁国“匠师”，他本人应该既是这一行业的管理者，更是技艺超群的佼佼者。自西周推行“工商食官”制度以来，手工业者便处于官府的严格管控之下。据《左传·成公二年》记载，楚人伐鲁之际，鲁国为求退兵，将三百名身怀手工专长的人馈赠给楚国。这些工匠皆为官家作坊中的从业者，毫无自由流动的权利，这一史实深刻体现了当时手工业者受官府掌控的状况，同时也凸显了“匠师”管理工作的重要价值。

凭借“匠师”身份，鲁班在鲁国手工工艺的发展进程中扮演了极为关键的引领者角色。他带领并悉心指导大批手工业者，在建筑、机械等多个领域实现了丰硕的发明创造。他被后世尊称为工匠祖师、百工之祖，其成就不仅是个人智慧的结晶，更映射出鲁国手工业的先进水准。他所发明的锯、矩尺、墨斗等工具，对后世工匠行业影响至深，极大地提升了工匠的工作效率与工艺质量，推动了行业的发展。

从“匠师”的视角也可以审视鲁班的历史地位。作为鲁国“匠师”，鲁班堪称古代科技文化的集大成者，其发明涉及建筑、工匠、工艺、机械等多个行业，淋漓尽致地展现了当时鲁国手工业的高度发达。他的成就不仅在鲁国广受赞誉，在全国范围内也具有深远的影响。

鲁班还是鲁国文化传承与传播的关键人物。他在鲁国留下了众多经典作品，他参与或领导建造的各类建筑，无论是宫殿、祭祀建筑，还是普通民居，皆为当时建筑技艺的杰出典范。这些建筑不仅满足了人们的生活与生产需求，而且成为传承鲁国文化的重要载体。在大型建筑项目中，鲁班充分发挥领导才能，组织、指导工匠施工。他注重细节，严格把控每一个环节，确保建筑质量与美观。他的作品不仅在鲁国备受推崇，还吸引了其他诸侯国前来观摩学习，成为鲁国文化对外传播的一张亮丽名片。

鲁班作为“匠师”，也是工匠群体的卓越引领者。在鲁国工匠群体中，鲁班威望极高，其技艺与品德成为工匠们竞相学习的榜样。他常与其他工匠交流经验，毫无保留地分享技术心得，悉心传授知识给晚辈。在他的积极影响下，鲁国工匠们营造出积极向上、精益求精的工作氛围。众多年轻工匠在鲁班的悉心指导下，迅速成长为技艺精湛的能手。他们在传承鲁班技艺的基础上不断创新，使得鲁国工匠技艺得以代代相传、发扬光大。

在鲁国社会生活中，鲁班的技艺与作品影响广泛。他的建筑作品为人们提供了舒适的居住与活动空间，深刻影响了鲁国的城市规划与布局。他设计的宫殿、庙宇等成为城市标志性建筑，塑造了鲁国独特的城市风貌。他的木工制作与机械发明广泛应用于日常生活与生产活动。例如，他发明的工具提高了农业生产效率，改善了人们的生活质量。他的作品还促进了鲁国与其他诸侯国之间的文化交流与往来。

鲁班身世的确证，对于我们深入了解中国古代科技文化、工匠精神及鲁国历史文化具有重要意义。鲁班作为“百工祖”，他的发明创造涉及建筑、机械、工艺等多个领域，代表了当时先进的生产力水平。他的技艺和创新精神不仅推动了鲁国手工业的发展，也对后世中国科技文化的发展产生了深远影响。

从工匠精神的角度来看，鲁班身上体现出的专注、勤奋、坚韧和精益求精的精神，是工匠精神的典范。他对工艺的执着追求和不断创新，为后世工匠树立了榜样。在当今时代，弘扬鲁班工匠精神，对于培养高素质技能人才、推动制造业的发展具有重要的现实意义。

二、鲁国成就公输子

鲁班，这位战国早期鲁国涌现出的杰出工圣、匠师，其家乡为今山东曲阜。这一认知有着深厚的历史根基，大量的文献记载、丰富的历史遗迹及口口相传的早期传说，共同构筑起这一自古以来的共识。

曲阜是鲁国旧地，作为周公的封国（由嫡长子伯禽就封），在历史长河中占据着独特而重要的地位。由于特殊的历史背景、优越的地理位置及与周公的紧密联系，自西周初年起，鲁国便成为周王朝统治天下的典范和镇抚东方的前沿战略要地。周公制礼作乐，其功绩影响深远，鲁人对先人的追念之情，使得鲁国较为完整地保存了礼乐文化。周室东迁后，镐京破败，洛邑残缺不全，鲁国则顺势

曲阜周公庙制礼作乐门坊

崛起，成为春秋时期的文化中心。从西周初年直至春秋末年，鲁国在政治、经济、文化等诸多方面的发展，均领先于列国，备受瞩目。

（一）鲁国是诸侯望国

鲁国因是周公封国，在周初始封时便地位尊崇，逐渐发展成为姬姓“宗邦”、诸侯“望国”。鲁国受封之地意义特殊，在上古时代便已凸显。彼时，中国各地受山川阻隔、交通不便的限制，形成了众多既相互联系又各具特色的文化区系或区域文化圈。进入西周后，以重要诸侯封国为中心，区域文化得到进一步发展。其中，地处“泰山之阳”的鲁国文化，凭借特殊的地理位置、悠久的历史积淀和显著的政治优势，始终处于领先和中心地位。

1. 鲁地深厚的历史文化积淀

诸多历史记载和传说表明，上古“五帝”与曲阜关系密切。《左传 · 昭公十八年》载“梓慎登大庭氏之库”，杜预《集解》称“大庭氏，古国名，在鲁城内。鲁于其处作库”，孔颖达《疏》进一步解释“先儒旧说皆云，炎帝号神农氏，一曰大庭氏”。西晋学者杜预、唐代经学大师孔颖达均认为炎帝即大庭氏，曾在鲁国城内建国，虽彼时的“国”与现代概念不同，指的是部落之都邑，但这一说法有其依据。《史记 · 周本纪》张守节《正义》引《帝王世纪》记载“炎帝自陈营都于鲁曲阜。黄帝自穷桑登帝位，后徙曲阜。少昊邑于穷桑，以登帝位，都曲阜。颛顼始都穷桑，徙商丘”，“黄帝生于寿丘”，且“穷桑在鲁北，或云穷桑即曲阜也”。《帝王世纪》为晋皇甫谧所作，保存了大量古史记载和传说，虽今仅存辑本，但唐代张守节为

《史记》作正义时引用的这些材料，为后人保留了炎帝、黄帝、少昊、颛顼与鲁地关系的珍贵记载。尽管这些帝王事迹发生在文字记载之前，不能等同于信史，但上古帝王传说往往由故老代代相传，其中必然蕴含着历史真实的元素，并非荒诞无稽的。

“五帝”时代大致对应考古学上的新石器时代。考古发现及研究表明，山东地区是中华文明的重要发祥地之一。在鲁西南和胶东地区，分布着大量旧石器、新石器时代的原始文化遗迹。在泰山以南沿海一带的“海岱历史文化区”，北辛文化、大汶口文化、龙山文化延续发展，构成了中国史前文化演进较为完整的谱系，初步形成了从蒙昧时代向文明时代过渡的考古学序列。将历史传说与考古遗迹相结合，能更清晰地展现出鲁地深厚、悠久的文化底蕴。

此后，商族在东方兴起。“天命玄鸟，降而生商”，这一传说与图腾崇拜密切相关，而东方正是鸟图腾的发源地。《左传・昭公十七年》记载，郯子谈少昊氏“以鸟名官”，“我高祖少皞（即少昊）挚之立也，凤鸟适至，故纪于鸟，为鸟师而鸟名”，说明少昊氏族以鸟为图腾，且分职治民制度较为完备。考古发现和前辈学者的研究表明，殷商文化灿烂辉煌，其高度发展与东方悠久、深厚的文化积累密切相关。盘庚迁殷后，曲阜一带仍是商族在东土的重要据点，殷商国都的物资供应、镇压东土反叛等事务多依赖此地。殷周之际直至武王伐纣成功后，这里都是对抗周族的重镇，周公不得不亲自东征平定。周公东征历时三年，征战激烈，可见殷商民族在此根基深厚、势力强大。

2. 周初局势与伯禽封鲁

按照史学大师钱穆先生《国史大纲》的观点，周人封邦建国是一种自西向东的“侵略性”武装移民与军事占领。东方是殷商民族的旧土和根据地，殷遗势力集中，周人要统治天下，必须将此地作为重点和战略要地。周公东征，有力地镇压和瓦解了殷遗民及其他反对势力，加强了对东方地区的统治。但此后，部分殷遗民和方国对周王室叛服无常，急需强有力的政治人物加以镇服。

西周初年，内外局势复杂，成王年幼，周公作为成王叔父和国之元勋，不便轻易离开成王。于是，周室分封时，将周公长子伯禽封于商奄之地，以镇压殷民势力、安定东方，鲁国成为周室在东方的前哨。鲁国继续征伐附近不服的方国、部族，巩固周朝在东方的统治。《尚书》中的《费誓》，便是鲁公伯禽伐淮夷、徐戎前对鲁国将士及民众的誓师动员。据《书序》记载，鲁国有时“东郊不开”，可见当时对抗之激烈。

在征伐反叛的基础上，鲁国加强统治，政局逐渐稳定。伯禽就封时，周王室为鲁国制定了“启以商政，疆以周索”的治国方针，并分给鲁国“殷民六族”，使其“职事于鲁”（《左传 · 定公四年》）。伯禽一支在鲁地的统治逐步确立、巩固，周文化与殷遗民及当地土著文化相互交融，共同形成了独具鲁国特色的新文化。

3. 鲁国的特殊地位

鲁国虽是周王朝分封的邦国，却有着非同寻常的地位。从周初始封，历经西周、春秋、战国，直至公元前 249 年为楚国所灭，鲁国在长达七八百年的时间里，在政治、文化舞台上扮演着重要角色。

鲁国始封之君是周公长子，周公在殷周之际功勋卓著，在周朝地位显赫。因此，鲁国初封时不仅受赐丰厚，还享有诸多特权。鲁国可以“世世祀周公以天子之礼乐”，《礼记·明堂位》记载“凡四代之服、器、官，鲁兼用之。是故鲁，王礼也，天下传之久矣”。从文献记载和考古材料综合判断，这一记载可信度较高。例如，周王室的职官“宗伯”“太宰”“大司徒”等，鲁国也有。他国掌管祭祀的官员多称“宗”或“宗人”，而只有周王室和鲁国称“宗伯”。此外，“鲁得立四代之学”（《礼记·明堂位》孔颖达疏），且有四代之乐，这些都是鲁国特有的现象。

鲁国受封前后，周王室在东方分封了一些小国，部分小国成为鲁国的附庸，有的则以鲁国为“宗国”。春秋时期，王室衰微，礼崩乐坏，但许多小国依然纷纷朝鲁，到鲁国学礼、观礼。在东方夷人势力较强的地区，鲁国始终秉持“尊尊而亲亲”的原则，政权掌握在“伯禽”之后的周人手中。鲁国完整保存着周礼，周代礼乐传统对鲁国社会的各个方面产生了深远影响。在政治方面，《礼记·明堂位》称鲁国“君臣未尝相弑也，礼乐、刑法、政俗未尝相变也。天下以为有道之国，是故天下资礼乐焉”，意思是鲁国政治相对稳定，成为各国学习的榜样。《左传·襄公十年》记载：“诸侯宋、鲁，于是观礼。”宋国保留殷礼，鲁国则是典型的周礼，正所谓“周礼尽在鲁矣”（《左传·昭公二年》）。在当时人看来，礼是国家的根本，周礼是周王朝的象征，鲁人遵礼，鲁国作为周王室在东方代表的形象更加突出。

春秋时期，“政由方伯”，但在诸侯国会盟等场合，鲁国位次前列。一般来说，“周之宗盟，异姓为后”（《左传 · 隐公十一年》），鲁为姬姓且是周公后裔，在诸侯位次序列中有“班长”（《国语 · 鲁语上》）之称，被列为首席。鲁国享有此声望，是因为周室对其寄予厚望，鲁国以推行周代礼乐制度时的表率自居，极力维系当时的政治文化秩序。鲁国发生“庆父之难”时，强邻齐国不敢吞并鲁国，就是因为鲁国“犹秉周礼”（《左传 · 闵公元年》）。

4. 鲁文化的特质

鲁国作为周王朝在东方的代表，鲁文化承继周文化，并与殷遗民及其他土著文化交融，具有显著特色和先进性。其特点主要体现在以下几个方面。

（1）重视礼治秩序

鲁国完整保存了周代礼乐制度与文物，成为春秋以后礼乐文化的中心，时人感叹“周礼尽在鲁矣”。鲁国深厚的礼乐传统，对鲁国政治、社会的稳定起到了促进作用。

（2）讲求仁爱诚信

在鲁国，仁爱诚信深入人心，春秋前期的鲁国大夫、思想家柳下惠是典型。他为人和悦平易，恪守直道，以仁德要求自己，正如其妻对他的评价“信诚而与人无害”（《列女传 · 柳下惠妻》）。鲁文化孕育了儒家思想，以孔子为代表的儒家尊崇周代礼乐文化，特别强调“仁”“仁者爱人”，并重视人与人之间的仁爱诚信。

（3）崇德尚义，重民保民

西周以来，崇德、明德是统治思想的核心，鲁人对德治的强调尤为执着。鲁国大夫臧文仲主张以德治民，认为“德之不建，民之无援”(《左传·文公五年》);孔子在这方面的言论众多。鲁人常将“义”与“德”“礼”等连言,“义者,宜也”(《礼记·中庸》),指思想行为符合一定标准,且这个标准往往与“德”“礼”相一致。鲁人的政治思想,尤其是孔子儒家的政治思想,最终目的是稳定社会秩序,所以“德”“礼”“义”最终都落实在治国安民上。春秋以来,鲁人的“德”“义”观念常与“重民轻神”“重民轻天”思想相联系,大力倡导“重民”“保民”。

(4)重农务本

鲁文化受周文化影响,具有鲜明的重农特色。鲁国地理环境适宜五谷、桑、麻、六畜生长,鲁人以农业为本。鲁国在土地开垦、铁农具使用、牛耕推广及土地税收制度改革等方面,均领先于当时的诸侯国。

(5)科学精神

鲁人在生产生活中具有较强的科学精神,手工业发达。此外,鲁国在天文、历法方面成就颇高,《春秋》《左传》留下了大量珍贵的天象观测记录;战国时期著名天文学家甘德是鲁人,被称为“善说星者”;鲁国的纪年早于其他各国,在历法方面也有杰出成就。(详见杨朝明:《鲁文化史》,齐鲁书社 2001 年版,第 16-22 页)。

鲁文化与周文化一脉相承,是周文化在东方的代表。周人灭商后,周文化在总结和吸纳前代文化成果的基础上取得了显著进步。《礼记·表记》称“夏道尊命,事鬼敬神而远之”,“殷人尊神,率民以事神”,有学者将夏、商时期的文化分别称为“尊命文化”和“尊神文化”。从根本上说,周文化是礼乐文化,其核心是秩序,是一种人文文化。周文化与夏、商文化的最大不同在于人文理念的提升。

自周公制礼作乐起，周文化的重礼风格初步形成，周人重视农业的传统与之相适应，奠定了中国几千年传统宗法农业社会的文化基础。

（二）鲁国的重农传统

1. 典型的宗法农业社会

鲁国位于齐、莒、卫、宋等国之间，以汶河流域和泗河中上游地区为中心，境内丘陵间有汶阳、泗西等大片肥沃良田，适宜农桑。《史记 · 货殖列传》记载“邹、鲁滨洙、泗……颇有桑麻之业，无林泽之饶”，“沂、泗水以北，宜五谷桑麻六畜……鲁好农而重民”。《汉书 · 地理志下》也提到“鲁地……濒洙泗之水……颇有桑麻之业，亡（无）林泽之饶”。鲁人重视农业，以农事为重，农业较为发达。

相对而言，鲁国的手工业虽处于诸侯国领先地位，但专为贵族服务的性质明显，且门类多与农业或社会生活相关，难以成为社会经济的重要组成部分。在鲁人重农务本的传统下，手工业发展缓慢，难以突破“工商食官”的格局。受地理条件限制，鲁国既无鱼盐之利，邻邦也较少，商业发展缓慢。因此，在鲁国的大部分时期，自给自足的自然经济占据主导地位。

鲁国是周人分封的诸侯国，以宗周模式在东方建立据点，其文化特色反映了周人的传统，重农意识便是其中之一。《汉书 · 地理志下》记载：“昔后稷封斄（古通邰），公刘处豳，大王徙郊，文王作酆，武王治镐，其民有先王遗风，好稼穑，务本业，故豳诗言农桑衣食之本甚备。”《诗 · 豳风》实际就是鲁诗，傅斯年、庞朴两位先生持此观点。（详见吕华亮、王洲明：《〈诗经 · 豳风〉源于鲁地略考》，《文学评论丛刊》2014 年第 2 期）周人有崇尚农业的传统，鲁人继承并发扬了这一传统。

伯禽到鲁国后，对殷遗民和奄人采取“变其俗，革其礼”（《史记・鲁国公世家》）的策略，重点改变他们经商的习俗，取消礼仪中的商业性质，使其更适应农耕生产方式。虽然伯禽变俗革礼，但商人文化传统的惯性较大，鲁国中期以后，鲁人的经商活动逐渐增多。不过，直到其灭亡之前，鲁国的经济基础仍是农业，社会本质仍是典型的宗法农业社会。

2. 鲁国农业的发展

在这样的社会环境下，鲁国农业发展良好。首先体现在土地开垦方面。鲁国建国距今三千余年，当时气候温和，森林覆盖率高，沼泽地较多，与现今鲁西南地区差异较大。伯禽率领周人及分得的殷民六族，与原居民共同开发鲁国土地。随着生产力发展和人口增加，鲁国土地开垦数量不断上升。《韩非子・内储说上》记载的“鲁人烧积泽”故事，生动展现了春秋末年哀公时期鲁国“烧泽而田”的场景，这种方式在原始农业土地开垦和古代狩猎中较为常见。

这一时期，鲁国开始使用铁农具，出现牛耕。西周和春秋前期，鲁国的农具主要是木、石制品，与耦耕方式对应的耒、耜等多为此类。从“长沮、桀溺耦而耕”（《论语・微子》）可知，当时已到春秋末期。春秋中后期，铁制农具在鲁国开始出现并发展。1977 年，山东省文物考古研究所对鲁国故城遗址勘探时，发现多处冶铁遗址及大量铁块、铁渣，其冶铁技术达到一定水平，就此推测所冶炼的铁主要用于制作农业生产工具。

在使用铁农具的同时，牛耕也出现并得到推广。殷商时期，部分殷人用牛驾车，牛还大量用于祭祀。鲁国建国后，祭祀活动频繁，大量宰牛，酒器也有牛形。后来情况发生变化，“宗庙之牺，为畎亩之勤”（《国语 · 晋语》），鲁国至迟在春秋末年普遍使用牛耕。《论语 · 雍也》中“犁牛之子骍且角”，犁牛即耕牛；孔子的学生冉耕字伯牛，也说明当时鲁国牛耕已相当普遍。

铁器农具和牛耕是农业生产力发展的重要标志，这表明至迟在春秋末期，鲁国农业生产力已达到较高水平。

3. 鲁国的畜牧养殖业

与农业紧密相连的鲁国畜牧业也有一定发展。“国之大事，在祀与戎”（《左传 · 成公十三年》），祭祀和战争是各国重视的大事。鲁国作为典型的宗法农业国家，对祭祀祖先尤为重视，祭祀需要大量的牛。此外，随着牛耕的推广，社会对牛的需求量大增。因此，当时诸侯国都设有专人管理牛马事务。《左传 · 僖公二十八年》记载：“不有行者，谁捍牧圉？”杜预《集解》解释：“牛曰牧，马曰圉。”《左传 · 昭公七年》也提到“马有圉，牛有牧”。孔子“尝为乘田矣，曰：‘牛羊茁壮长而已矣’”（《孟子 · 万章下》），“乘田”就是管理苑囿、执掌六畜刍牧之事的小吏。

由于祭祀的需求，鲁国猪、牛、羊三牲的饲养量都较大。周礼中的牢礼，就是用猪、牛、羊三牲宴饮宾客，鲁国保存周礼较多，也有牢礼。《左传 · 昭公二十一年》记载，晋国士鞅来聘问，季孙用招待齐国大臣鲍文子的七牢礼节招待士鞅，士鞅发怒，鲁人恐惧，增加四牢，使用了十一牢；哀公七年，吴国“来征百牢”，都说明鲁国猪、牛、羊的饲养量很大。

鲁国养的马也不少。《诗・鲁颂・有駜》有关“有駜有駜，駜彼乘黄”“駜彼乘牡”“駜彼乘駽”的诗句，都是赞扬鲁僖公时马的强壮。由于当时国防力量以兵车为主，而驾一辆车要用四匹马，故而国防力量的强弱，在很大程度上取决于兵车和良马的数量多寡。因此在当时，注重发展国力的诸侯国都重视马的饲养，鲁国自然也不会例外。鲁国当时“公车千乘”（《诗・鲁颂・閟宫》），至少需要4000 匹马驾驶。后来，鲁三桓兴起，他们也都有马的饲养。如《左传・定公十八年》记载，叔孙氏的郈邑中，既有专管养马事宜的家臣“马正”，其下又有具体牧养马匹的“圉人”。

鲁国的桑蚕养殖也较发达。西周时期，家蚕饲养遍及各国，而鲁国更为典型。《左传・哀公八年》中有“舍于蚕室”句，“蚕室”为鲁国一地名，约在今山东平邑境内。既然“蚕室”已被作为地理名称，当时肯定已经进行室内养蚕。与之相应，当时的桑树有乔木式和灌木式两种，前者即荆桑，后者即地桑。地桑原由鲁地育成，所以也叫鲁桑。鲁桑植株矮，易于采摘，还枝繁叶嫩，产量也高。鲁缟、鲁锦等丝织品在当时已十分有名，这充分证明鲁国桑蚕养殖达到了较高水平。

鲁国又在大面积的薮泽和湖泊中发展了淡水渔业。从现有史料看，鲁国当时不仅已设有专职管理渔业生产的官员，而且对渔业实行生态保护。鲁国管理渔业的官员称水虞，“掌川泽之禁令”（《国语・鲁语上》韦昭注）。《国语・鲁语上》记载：“宣公夏滥于泗渊，里革断其罟而弃之，曰：‘古者大寒降，土蛰发，水虞于是乎讲罛罶，取名鱼，登川禽，而尝之庙，行诸国，助宣气也。……今鱼方别孕，不教鱼长，又行网罟，贪无艺（按：艺，极、尽之意）也。’”这是有名的“里革断罟”的故事，里革禁止国君滥捕，国君悔而改之，这种模范行为，自会有效促进鲁国渔业的健康发展。

4. 鲁国的工商业

相对于农业来讲，鲁国的手工业虽然属于“副业”，但毕竟在诸侯国间属于较为发达的。关于鲁国的手工业及手工技艺，本书将设专章讨论，本节仅是为配合鲁国整体经济发展之描述而对手工业发展进行简单的概述。

在小农社会中，手工业是直接与农业生产和一般社会生活相联系的。鲁国的手工业主要有制陶、铜铁冶炼、木工、纺织、酿酒等门类，铜铁的冶炼和木工要制造农业生产工具，酒的酿造则直接依赖于粮食生产，纺织业则与桑蚕养殖分不开。虽然这样的门类似乎并不复杂，但其内部的分工是很细密的。据《周礼·考工记》，周代的手工业中，有“攻木之工七，攻金之工六，攻皮之工五，设色之工五，刮摩之工五，抟埴之工二”。这时，各地都有了专精的手工业，如鲁之削，即用来削除写在木简或竹简上错字的书刀，也同郑之刀、宋之斤、吴越之剑一样，“迁乎其地而弗能为良”（《周礼·考工记》）。鲁分得的殷民六族中，索氏是制绳索的，长勺氏、尾勺氏是制造酒器的（杨伯峻编著:《春秋左传注》，中华书局 1981 年版，第 1536 页）。鲁成公时，楚人伐鲁，“孟孙请往赂之。以执斫、执针、织纴，皆百人”（《左传·成公二年》），据杜预注，执斫指木工，执针指女缝工，织纴指织布工。一次性贿赂他国 300 名有手工专长的人，鲁国手工业的状况可见一斑。

正是由于鲁国手工业内部分工的细密和手工业的发展，鲁国才出现了许多能工巧匠。《韩非子・说林上》记载："鲁人身善织屦，妻善织缟。"这是说鲁国有个人，他自己擅长编织鞋子，妻子擅长织绢，这是同一家庭中夫妻两人各有手工专长的例子。这对夫妻，正是"工圣"鲁班身后数以千计的鲁国工匠的缩影。

当然，鲁国的手工业虽有一定规模，但它的产品主要为贵族生活服务，少量为普通群众生产和生活所用。而鲁国手工业的这些特点，也决定了其商业经济发展的步伐十分缓慢。故而迟至春秋中后期，随着交通的发展和生产关系的变化，商贾之风逐渐兴起。

在与列国交往中，鲁国也不再一味地只重视农业生产，禁止"末业"。统治者逐渐认识到必须采取"富民"策略，不能"与民争利"。在这方面，鲁国中期的著名大夫臧文仲就表现得比较开明。如为解除对工商业者的限制，他主持废除设在各地限制工商业者来往的关卡，这标志着鲁人在观念上已经发生了重大变化。

作为当政者，臧文仲的废关措施为鲁国的自由工商业者提供了很大的便利。这也恰恰说明，鲁国社会中独立于官府控制以外的工商业行为已经普遍地存在了。如前面提到的那对鲁国手工业夫妻，就是个体手工业者的写照；而如孔子的弟子子贡，已是显赫的商人，这表明当时商贾之风已相当兴盛。

（三）鲁国的手工技艺

在战国时期，鲁国产生鲁班这样杰出的工匠绝非偶然，这是以鲁国手工业的先进水平和数量众多的手工技师为背景的。我们前面曾经提及，经过西周及春秋前期数百年的发展，鲁国的手工业已经达到了相当高的水平，具备了产生鲁班这样杰出匠师的技术条件和社会条件。此外，与鲁班同时代的墨子实际也是鲁国人。近代以来，墨子长期被作为先秦时期科技界的代表人物，诚然不诬。同时，墨子也是一位杰出的手工业者，墨家学派可以说就是一个能工巧匠的集团。鲁班、墨子一起，反映了春秋战国时期鲁国手工业的发达水平。

鲁班的创造发明将由专章讨论，我们在此主要梳理、总结一下当时鲁国手工业的大致分类及各门类发展，并进而列举一些有代表性的、主要源于考古发掘的手工艺品。

1. 主要的手工业门类

（1）制陶

鲁人的生活用具以陶器为主。1977 年，鲁国故城遗址发掘中出土的遗物也以陶器为主，其他质地的器物很少。与大多数的生活用具发现的同时，还有很多陶瓦，出土的陶片和瓦片数以万计。当时，常见的陶器有鬲、甑、盆、圜腹罐、瓮、豆、钵、盂等，此外还有釜、杯、小盆、折腹盆、三足盆、洗等。据分析，鲁国故城遗址中的陶器所包含的年代，大致包括了西周初年至战国末期的全过程。

两周时期，鲁国的陶器以泥质陶为主，夹砂陶的比例很小，主要用于鬲、釜和个别盆罐上。西周初期，鲁国陶器的色泽富于变化，泥质陶以褐陶、黄灰陶、青灰陶为主，还有少量灰陶、红褐陶和灰黑陶。西周早期与周初相似，泥质青灰陶还有相当比重，但以泥质灰褐、泥质灰黑和泥质深灰陶为主；此外还有少量的泥质陶、红褐陶、褐陶和黄灰陶等。西周中期前段，泥质青灰陶、黄灰陶、褐陶已很少见，泥质深灰陶占绝对优势。西周晚期以泥质灰陶、灰黑陶为主，深灰陶所占比重较小。春秋战国时期，陶色比较单一，基本上都是灰陶，但春秋时期的灰陶色彩较深，战国时期的灰陶呈淡灰色，此外还有很少的黑皮陶和红陶。

从纹饰上看，在鲁国的陶器中绳纹最流行而且最为主要，贯穿始终，除了豆、盂、杯、三足盘等，几乎全饰绳纹。绳纹之外，还有凹弦纹、抹纹、瓦纹、暗纹、凸弦纹、附加堆纹等，它们数量较少，随时代的不同而兴衰。西周初至西周中期，流行粗绳纹。西周晚期，粗绳纹消失，流行细绳纹。春秋时期的绳纹比周初和西周中期的粗绳纹细，而较西周晚期的细绳纹粗，其特征是纹路较浅，绳股的痕迹清晰，如同谷粒连接一般。战国时期的绳纹有粗细两种，以细绳纹为主，有的纹饰细如细线，但这时绳纹正趋衰退，素面器物兴起。这一时期还盛行同心圆暗纹和瓦纹。至战国晚期，瓦纹成为相当普遍的一种纹饰，许多器物除底部外已不施绳纹。

（2）冶制

金属冶炼制造包括冶铜和铜器制造、冶铁和铁器制造两个方面。

1977 年，山东省文物考古部门联合多家单位，开始对鲁国故城遗址进行发掘，考古工作者在钻探中发现了铸铜和冶铁遗址各两处。战国以前，鲁国的冶炼业以铜的冶炼为主。在西周至春秋时期的两处冶铜遗址中，发现了不少铜硫渣、炭灰、红烧土和砂质陶范等遗物。当时，许多的容器、服饰器、兵器、车马器等也用青铜铸造。在对鲁国故城遗址内鲁人的两组墓葬的发掘中，发现了许多随葬铜器，其中，容器有鼎、甗、盨、簋、簠、壶、盘、匜、缶、罐、钵、鐎壶、盆、盖豆、舟等；服饰器有带钩、镜、腰带饰等；兵器有戈、镞、鐏、镦、弩机等；车马器有軎、軎饰、衔、镳、游环、饕餮头、銮、带兽头管饰、节约、带锥器帽、细腰、铜铃等。另外还发现了错金银铜杖首、铜刀、铜削、铜铲、铜锛、铜器座、铜鱼、椁丁等。当然，西周时期的生产工具和生活用品远不止这些。另外，一些青铜还被用来铸造纪功彝器。如襄公十九年（前 554），“季武子以所得于齐之兵作林钟而铭鲁功”（《左传・襄公十九年》）。从容器的纹饰上看，西周时期有饕餮纹、钩连纹、窃曲纹、穷曲纹、垂鳞纹、夔龙纹、瓦纹等，铸造比较细致。春秋以后，容器多为素面，标志着铜器的铸造趋于衰落。

前已述及，鲁国在春秋时期以后逐渐使用铁农具。鲁国故城遗址考古发掘发现了两处冶铁遗址，而且还有可能使用了鼓风冶炼技术。汉代鲁国故城遗址中发现的冶铁遗址，可能在战国时期已经存在了。战国中、晚期的鲁人墓葬中的随葬器中也发现了错金银铁带钩，这也说明当时的铁也被用来铸造服饰。可见，战国时期的鲁国，已经在生产和生活中比较普遍地利用了铁的铸造技术。

（3）建筑

建筑业同木工、陶工等相互配合与协作，主要以房舍建筑为主。鲁国故城遗址及其宫殿的建筑代表了鲁人的建筑水平。鲁国故城遗址地理位置优越，北有泗河和洙水，南有小沂河，城东南地势略高，西北和西南则是辽阔的平原。据 1977 至 1978 年的大规模勘探，鲁国故城遗址的南门东侧、城西北角和城东北角西侧三处分别有多期城垣互压，最早者属于西周早期，最晚者属于战国至西汉时期。说明鲁国故城自始建之后，进行过多次增修，但位置则一直未变。

另外，在鲁城的中部和中南部发现了许多大型夯筑遗址。尤其在周公庙大型遗址的沟东区和沟西区的试掘中，都发现了大型建筑遗迹。这两处遗迹都有上下层，下层属东周时期，上层属西汉时期。（详见山东省文物考古研究所等编:《曲阜鲁国故城》，齐鲁书社，1982 年版，第 11-16、54-55、191-192 页）这说明至迟在春秋战国时期，鲁国的建筑业已经发展到了较高的水平。

（4）木工

木工与当时的建筑和车舆制造紧密相连。在建筑中，宫殿离不开木工，而车舆制造则是木工的主要工作。春秋战国时期，除战车以外，驾马的辇、轺，人挽的挽的生产都有所发展。从军事力量“公车千乘”来估计，鲁国有不少木工。如鲁班不仅能建造“宫室台榭”，而且能造“云梯”“勾强”等进行攻城、舟战的器械；他还“削竹木以为鹊”，借助风力飞行等（《墨子・鲁问》），甚而创制了“机关备具”的“木车马”等（《论衡・儒增》）。这些传说从另一角度反映了鲁国的木工制造技术已比较先进。

（5）纺织

鲁国的纺织业有丝帛、麻葛两种。桑蚕养殖促使其丝织业迅速发展。成公二年（前 589），赂楚的织纴百人皆为从事丝织工作的人，“强弩之末，力不能入鲁缟”（《汉书・韩安国传》）中提到的“鲁缟”，则以薄细著称，在当时有很高的知名度。鲁缟作为鲁国著名的丝织品，对后代丝织业影响很大。《管子・轻重篇》记载:“鲁、梁之民，俗为绨。”绨是一种质地粗厚、平滑而有光泽的丝织品。鲁又生产锦，据载，鲁国的锦也可以销往齐国，其数量应当也不少。大概由于气候与水土等因素，鲁地很少发现当时遗留的纺织物，但从传世文献的记载看，鲁国的丝麻制品种类应当比较精良，纺织技术也达到了较高水平。

（6）酿酒

《尚书》中有《酒诰》篇，司马迁解释说:“周公旦惧康叔齿少，乃申告康叔曰:‘必求殷之贤人君子长者，问其先殷所以兴，所以亡，而务爱民。’告以纣所以亡者以淫于酒，酒之失，妇人是用，故纣之乱自此始。为《梓材》，示君子可法则。故谓之《康诰》《酒诰》《梓材》以命之。”（《史记 · 卫康叔世家》）周公以殷商之亡于酒而告康叔，当然也对鲁国酿酒业有一定影响。先秦典籍中有“鲁酒薄”的记载，是说鲁国的酒味道清淡而不浓烈。当时酒有“厚”“薄”之分，本是由是否加水或加水多少而定，而“鲁酒薄”自然与《尚书 · 酒诰》的影响密不可分。

2. 几件有代表性的手工艺品

在鲁文化考古发掘方面，出土了不少各类物品。借助这些出土器物，我们可以形象地观察到鲁国手工工艺的一般情况。尤其是鲁国故城遗址的发掘，出土遗物比较丰富，为我们提供了不少历史资料。1969 年，曲阜北关就发现过西周晚期的青铜器；1977 ～ 1978 年，山东省文物考古部门又对鲁国故城遗址做了大规模勘探，不少墓葬中出土了各类器物，其中有铜器、金银铁器、玉石器、漆器、料器，还有骨、牙、蚌器等。

在对鲁国故城遗址的试掘中，发掘者发现遗址甲组周代墓葬的随葬器物除铜器、石器、蚌器，大部分是陶制明器。这些陶器制法以轮制为主，制作规整，不少器物造型优美，有一部分器物施以陶衣。春秋晚期器物还多施彩绘。

乙组周代墓更具典型意义，从随葬品上也可以看出鲁国经济和手工工艺水平的发展脉络。西周墓绝大部分完整无损，其随葬器物较简单，不少墓葬仅有一件或几件陶明器。而东周墓则相反，仅有个别墓葬尚完整，其余全部被盗。然而几座大墓残存的陶器和玉石小件等物数量仍然可观。在此选择几件有代表性的器物，根据发掘报告作简要介绍，以窥见鲁国手工艺水平之一斑。

（1）铜盘

乙组西周墓出土，共五件，其中 48 号墓出土的一件尤为精致，编号为 M48:8。该器为浅盘，折沿，附耳外折，上饰卧牛。牛昂首向外，作嘶鸣状。圈足上饰三人蹲坐，五官、双乳、肚脐清晰，头顶盘底，背靠圈足，双手作抬盘状，盘外壁饰曲纹，圈足饰垂鳞纹，盘外底有菱形格纹。内底铭文三行十五字，文曰“鲁司徒中齐肇乍（作）盘，其万年永宝用享”，通高 10.3 厘米，口径 38.6 厘米，深 6.4 厘米。

（2）错金银铜杖首

乙组东周墓出土，其下部为圆筒形銎，内有朽木，一龙形兽昂首曲腹修尾卧于銎上。兽睁目长额，口衔一兽，兽蛇身鸟喙，回首张目作挣扎状。又一蛇形兽，口咬一兽头，盘绕于龙形兽之上；兽头口衔鸟尾，附于蛇形兽上。器物共高 20.5 厘米，整个器形构思奇特，造型生动优美，通体镶嵌金银片，光辉夺目，铸造精良，堪称古代金属细工工艺的杰作。

（3）猿形银饰

与前述错金银铜杖首同出于一墓，通体高 16.7 厘米，器作猿形，振臂回首作跨进状。猿身贴金，两目嵌蓝珠料，炯炯有神，姿态生动。猿身微呈拱形，背面有一圆钮，或为带钩一类的器物。

（4）玉马

与前述两件器物同出于一墓，器高 5.7 厘米，青玉雕成。姿态昂首竖耳，张目前视，马口微张，鼻有双孔，马鬃突起，马尾打髻，腿部肌肉清晰，马蹄分明，前腿直立，后腿微曲，站立于方座之上。线条简洁，雕磨细致。既有马的生动形象，又具有雕塑艺术效果，堪称古代玉雕工艺的珍品。

（5）玉器钮

乙组东周墓出土。由系环、卯销、钮座三部分组成。系环环径 2.4 厘米，系环下有缺口，缺口两侧有圆榫。卯销上部较粗如钉帽，上饰瓦纹，两侧平整，有榫槽，以承纳系环的榫；下部有圆形的销链，链端有穿孔，以供扦闩，将卯销固定于钮座上。钮座圆形，两侧有桃形耳，耳下侧有沟形圆槽以将钮座固定于器上；钮座中有圆孔，以承扦卯销链。各部安装后，系环可以自由游动，制作精巧，独具匠心。

（6）玉璧

乙组墓中出土玉璧 36 件，绝大多数发现于东周墓中。大部分由青石制成，个别的由碧玉、白玉、花玉制成。器形较大的有四件，最大的一件周径 32.8 厘米，孔径 11.6 厘米，青玉制成。璧上纹饰分 3 层，内外两层饰双尾龙纹。内层纹饰 3 组，有隔栏；外层纹饰 5 组，有隔栏；中层饰谷纹。3 层纹饰之间有陶纹相隔。

（7）玛瑙环

乙组东周墓中计发现玛瑙环三件，其中红玛瑙环两件，大者复原后直径 9.2 厘米，孔径 7.5 厘米；小者直径 6.3 厘米，孔径 3.3 厘米。二者红中夹白瑕，纹理如流云缭绕，光彩夺目。另一件为杂草玛瑙环，蓝绿色，纹理如流云缭绕，直径为 10.6 厘米，孔径为 6.6 厘米。

此外，乙组墓中还出土了大量串饰，如玉项链，石、牙串珠，水晶、玛瑙饰件等，皆颇精美，有相当的艺术价值。

以上，我们结合考古发掘，介绍了西周及春秋战国时期鲁国手工业的门类情况，并列举了一些比较精美、有代表性的手工艺品，以直观感受当年手工业发展的盛况。

三、鲁班踪迹遍神州

作为中国古代科技与工艺领域的传奇人物，鲁班在华夏文明的历史长河中留下了不可磨灭的印记。他生活在战国初期这一风云变幻的时代，凭借卓越的智慧和非凡的创造力，为后世留下了许多发明创造与动人传说。鲁班的故事，不仅承载着中华民族的智慧结晶，而且彰显了古人在科技、文化、艺术等领域的杰出成就。

（一）鲁班的那个时代

作为东周鲁国曲阜的杰出人物、能工巧匠，公输子鲁班的诞生与成长深受所处时代的影响。战国初期，是中国历史上一个极为特殊且关键的阶段，这一时期在政治、经济、文化和科技等方面都呈现出鲜明的特点，为鲁班的成长提供了独特的历史舞台。

1. 政治：风云变幻，诸侯崛起

西周时期，周天子作为天下共主，凭借宗法制度和礼乐制度，建立起了相对稳定的统治秩序。在这种秩序下，各诸侯国对周天子尊崇有加，定期朝贡，拱卫周王室。然而，随着时间的推移，进入春秋时期，周王室的权威逐渐衰落。周平王东迁洛邑后，王室的实力大不如前，土地和人口不断减少，财政也陷入困境。与此同时，各诸侯国却在自身的发展过程中逐渐壮大。齐国、晋国、楚国、秦国等一些强大的诸侯国纷纷崛起，开始觊觎周天子的权威，不再满足于以往的从属地位。

这些诸侯国为了在激烈的竞争中脱颖而出，纷纷进行变法图强。齐桓公任用管仲进行改革，推行“相地而衰征”等政策，使齐国的经济迅速发展，国力大增；晋国通过一系列政治和军事改革，逐渐成为中原地区的强国；楚国则凭借其广阔的领土和丰富的资源，不断扩张势力；秦孝公任用商鞅进行变法，奖励耕织、军功，推行县制，使秦国逐渐走上了富强之路。

在诸侯纷争的大背景下，各国之间的关系错综复杂，战争频繁爆发。春秋时期的战争，初期还保留着一些周礼的影子，如战争的目的多为争夺霸权，而非消灭对方，战争过程中也有一些约定俗成的规则。但到了战国时期，战争的性质发生了根本性变化，各国之间的兼并战争愈发激烈，战争的规模和残酷程度都大大增加。各国为了在战争中取得胜利，纷纷寻求增强自身实力的方法，对各种人才的需求也日益迫切。

鲁班所处的鲁国，虽然在国力上无法与齐、晋、楚等大国相抗衡，但在文化和手工业方面却有着独特的优势。鲁国是周公的封国，周公制礼作乐，使得鲁国成为当时的礼仪之邦，周礼在这里得到了充分的传承和发展。同时，鲁国的手工业也较为发达，为鲁班的成长提供了良好的环境。

2. 经济：蓬勃发展，机遇涌现

春秋战国时期，经济领域发生了深刻的变革，铁农具的广泛应用和牛耕的推广，极大地推动了农业生产的发展。铁农具的出现，是农业生产技术的一次重大飞跃。在这之前，人们使用的农具多为木、石、青铜材质，这些农具在硬度、耐用性和生产效率上都存在一定的局限性。而随着时代演进，应运而生的铁农具，如犁头、锄、臿、镰、铚等，不仅更加坚固耐用，而且大大提高了耕作效率。铁犁的使用，让深耕细作成为可能。它凭借强劲的破土之力，能够更高效地翻耕土地，激活土壤的肥力，为农作物的生长提供了更好的条件。

牛耕的普及，进一步提高了农业生产效率。牛耕技术的出现，改变了以往人力耕作的方式，使得人们能够利用牲畜的力量开展农业生产。这不仅减轻了农民的劳动强度，还大大提高了耕作的速度和质量。牛耕与铁农具的结合，推动农业生产迈入了一个新的发展阶段，使农作物的产量大幅提升。

随着农业生产的发展，手工业和商业也逐渐繁荣起来。在手工业方面，“工商食官”的传统格局逐渐被打破。西周时期，手工业主要由官府经营，工匠们隶属于官府，为官府生产各种物品。到了春秋战国时期，这种局面发生了变化，独立的私人手工业主开始大量出现。这些私人手工业主凭借自身的技艺和努力，在市场上占据了一席之地。

在战国时期的手工业中，冶铁业是一个重要的部门。各诸侯国几乎都有冶铁业集中的地点，冶铁技术也有了长足的发展。冶铁技术的进步，使得生产工具迅速铁器化，这不仅提高了农业生产效率，而且促进了手工业和其他行业的发展。相传鲁班在鲁国南山登山伐木时，被野草划破了手，受此启发，他经过反复试验，制作了一把齿状铁片，这也成为后世铁锯的雏形。这一发明，正是得益于当时冶铁技术的发展。

在战国时期，青铜器制造仍占据着重要地位。除了诸侯列国用于祭祀等礼仪活动的礼器外，铜镜、带钩、铜器皿等民间日用青铜器具也大量涌现。这一时期的青铜器，器物形制趋于轻薄灵巧，纹饰细致，既有新颖的几何纹，也有描绘水陆攻战、燕乐、狩猎、采桑等活动的画像纹。在铸造工艺上，也有了进步，以往那种一模一范的生产方式被摒弃，转而采用分模制造的方法，大大提高了生产效率。此外，错金、鎏金等工艺盛行，让青铜器更显精美。

纺织业在这一时期也有了很大的发展。麻、葛、丝的制造技术达到了很高的水平，足踏织机的广泛应用使得纺织品的种类和产量都大幅增加。人们所熟知的苏秦落魄回家时其妻不下织机的故事，以及曾参之母屡闻其子杀人而“投杼下机”的故事，都从侧面反映出当时足踏织机已被普遍应用于家庭的纺织生产。此时，纺织品的种类也明显增多，仅丝织品就有绢、锦、缟、罗、纱等多个品类。

食盐加工、漆器制造、皮革加工、酿酒、玉器制作、制陶等行业，在春秋战国时期都有很大的发展。先秦典籍中有“鲁酒薄”的记载，反映了当时酿酒行业的情况。而 20 世纪 80 年代，曾连续八年出口量位居全国第一的“孔府家酒”，继承了鲁酒酿造技艺秘方，其 38 度浓香型低度酒畅销海内外，这也从侧面反映了鲁国酿酒业深厚的历史底蕴。

在商业方面，随着农业和手工业的发展，商品交换日益活跃。春秋时期，“工商食官”的传统开始被突破，独立的私商在各地大量涌现。商品的范围也不断扩大，除了贵族消费和享用的珠宝、玉石、皮革等，逐渐渗透到平民生活的各个方面。春秋时期的商品交换是以物易物为主，尤其在春秋前、中期，货币尚未广泛流通，这表明商品交换的规模和水平还很有限。到了战国时期，情况发生了质的改变，商品交换更加兴盛，商人也日益增多。在交通便利、经济繁荣的三晋、周、鲁等地，以经商贩卖为业的居民已占相当比例。

春秋晚期开始出现金属货币，至战国时，金属货币已大行其道。由于诸侯割据，各地经济发展存在不平衡性和封闭性，所以战国时期金属货币的形制有很大差异。主要有布币、刀币、圜钱、铜贝四大类。这些金属货币上多铸有铭文，有的标明国别，有的标明币值或重量。金属货币在民间已广为通行，战国墓中出土的刀币，有的多达几千枚，这说明当时社会上流通的货币量已相当可观。当时一般农产品都以货币计价，雇工也用钱币支付工资，官府征税也用货币。

中国古代城市出现较早，然而在春秋前、中期，城市主要是作为政治统治中心而存在的。到了春秋晚期，随着手工业和商业的迅速发展，城市中的各种市场迅速形成。一些处于交通要道的重要城市，已经具备了地区性中心市场的职能。在这些城市中，各种匠人、手工业者荟萃，四方商贾云集，交易繁盛，人口众多，体现了商品经济新的规模和水平。城市的布局，大体上都包括宫殿区、手工业区、居民区等几个部分。宫殿往往建在高台之上，并单独筑有城墙，形成了城中之城的格局。宫城内外，分布着密集的手工业作坊，宫城以北，往往便是城市的市场所在地。

鲁国的都城曲阜，作为当时的重要城市，严格遵循《周礼》关于城市布局的规定，“左祖右社，面朝后市”。鲁国故城是一个扁方形的城郭，总面积约 7 平方公里，地上与地下都保存着丰富的文物古迹。这里既是鲁国的政治中心，也是文化和经济中心，为鲁班的成长和发展提供了广阔的空间。

3. 文化：百家争鸣，思想交融

春秋战国时期，思想文化领域呈现出百家争鸣的繁荣局面。儒家、道家、墨家、法家等众多思想流派纷纷涌现，他们各自提出了独特的思想和主张，相互碰撞、交流，形成了丰富多彩的学术氛围。

儒家是这一时期的重要思想流派之一，其创始人孔子是鲁国曲阜人。孔子主张“仁”“礼”，强调人与人之间要相互关爱、尊重礼仪，他的思想对鲁国乃至整个中国的文化都产生了深远的影响。孔子及其弟子在鲁国形成了一个庞大的文化群体，使鲁国成为当时的文化中心。孔子整理“六经”，传播知识，培养了众多优秀弟子，这些弟子将儒家思想传播到各地。

在鲁国，儒学十分兴盛，受到很多人的推崇。鲁穆公也非常重视儒学，常常与孔子的孙子子思进行交流，那时甚至有“举鲁国而儒服”（《庄子·外篇·田子方》）的局面。这种浓厚的儒学氛围，在很大程度上影响着鲁班在建筑和工艺创作中对人文关怀和社会秩序的重视。鲁班在进行建筑设计和工艺制作时，可能会受到儒家“仁”“礼”思想的影响，注重将建筑的实用性与美观性相结合，追求工艺的精细与规范，以此体现对使用者的关怀和对社会秩序的尊重。

道家主张“无为而治”，追求自然、和谐的境界。道家的思想对中国文化的影响也非常深远，其对自然的崇尚和对个体自由的追求，为人们提供了一种独特的思考方式。在建筑和工艺领域，道家思想可能影响着鲁班对自然材料的运用和对建筑与自然和谐融合的追求。

墨家强调“兼爱”“非攻”，注重实践和科学技术的运用。墨家的思想与鲁班在机械制造等方面的追求不谋而合。墨家注重实践的精神，鼓励人们通过实际操作和探索来获取知识与技能，这与鲁班的工匠身份和创新精神相契合。鲁班在发明创造过程中，注重实践和实验，不断改进和完善自己的作品，这种精神与墨家的思想是一致的。

法家主张以法治国，强调法律的权威和制度的重要性。法家的思想在当时的政治改革中得到了广泛应用，对各国的政治制度和社会秩序产生了重要影响。在手工业和商业领域，法家的思想可能影响着行业规范和管理制度的形成，为鲁班等工匠提供了一个有序的发展环境。

这些思想流派的相互交流和影响，为鲁班的创新思维提供了丰富的养料。鲁班在这样的文化氛围中，能够接触到不同的思想和观念，从而拓宽了视野，激发了创新灵感。他的发明创造不仅体现了高超的技艺，还蕴含着对社会、对人生的深刻思考。

4. 科技：成果丰硕，奠定基础

春秋战国时期，科技发展取得了显著进步，在农业生产和手工业领域都有诸多重要成果，为鲁班的发明创造奠定了坚实的基础。

在农业生产方面，除了铁农具和牛耕得到广泛应用外，施肥和人工灌溉技术同样被广泛推广。中国古人很早就深知水利对农业的重要性，到了春秋战国时期，许多规模宏大的水利工程纷纷得以兴建。例如，吴国的邗沟是春秋末期重大的水利工程，于公元前 485 年开凿，从江都延伸至淮水，沟通了长江和淮河，既便于物资运输，又可用于农田灌溉，成为世界文化遗产京杭大运河最早开凿的人工河道。秦国先后修建了都江堰和郑国渠，这些水利工程既便利了交通，又灌溉了良田。荀子曾主张："修堤梁，通沟浍，行水潦，安水臧，以时决塞，岁虽凶败水旱，使民有所耘艾。"(《荀子·王制》)中原一带种稻，非人工灌溉不可，当时还出现了一种名为桔槔的汲水工具，巧妙利用杠杆原理汲水灌溉小面积的粮田菜地。这些水利工程的修建和灌溉技术的发展，提高了农作物的产量，促进了农业的发展。

在手工业领域，冶铁业的发展是科技进步的重要标志，能极大地提高生产效率与产品质量，从而推动社会生产力的整体提升。除了冶铁业，青铜器制造业、纺织业、煮盐业、漆器制造业等也都取得了长足发展。青铜器的器物形制和纹饰不断创新，铸造工艺也有了显著改进。纺织业的发展更为突出，麻、葛、丝等材料的制造技术达到了相当高的水平，足踏织机的广泛应用，提高了生产效率，使得纺织品的种类日益丰富，产量也实现大幅增加。

此外，在天文、地理、数学、物理、化学等自然科学领域，春秋战国时期也有了一定的发展。这些科学知识的积累，为鲁班的发明创造提供了理论支持。例如，在建筑设计中，可能会涉及数学和物理知识，如测量方法、力学原理等；在机械制造中，也需要运用一些物理和化学知识，如机械的运行原理、材料的性能特点等。

鲁国作为周王朝的重要封国，有着深厚的文化底蕴和发达的手工业。鲁班在这样的环境中成长，得以接触到先进的技术和丰富的文化资源。鲁国的手工业作坊中，工匠们传承着精湛的技艺，鲁班在学习和实践中，不断汲取和借鉴这些经验，为他的创新提供了有利条件。同时，社会对生产工具、建筑设施等方面的需求不断增长，也促使鲁班不断探索和创新，以满足时代发展的需要。

春秋战国时期的政治、经济、文化和科技状况，为鲁班的成长和发展提供了独特的历史背景。在那个时代，社会的变革和发展为鲁班提供了广阔的舞台，他的发明创造不仅是个人智慧的结晶，更是时代的产物。鲁班在这样的时代背景下，凭借自己的勤劳实践、刻苦钻研和聪明才智，成为中国古代科技史上的杰出代表，他的成就和精神对后世产生了深远的影响。

（二）鲁班的发明创造

作为杰出匠师，鲁班以其卓越的智慧和非凡的创造力，为后世留下了无数宝贵的财富。他的发明创造涵盖机械与器具创新、建筑技艺革新及军事器械改良等多个领域，其不仅深刻地影响了当时的社会发展，而且在漫长的历史进程中持续闪耀着璀璨的光芒。

1. 机械与器具的创新

（1）仿生机械领域

鲁班在仿生机械领域的成就，展现了他对自然的敏锐观察力和独特的创造力。他发明的木鹊飞鸢，堪称古代仿生学的杰出典范。《墨子・鲁问》记载："公输子削竹木以为鹊，成而飞之，三日不下。"这件以竹木为材料制成的木鹊飞鸢，其形状类似现代的飞机（一说与竹蜻蜓类似），能够在空中长时间飞行，令人惊叹不已。它不仅是一件精妙的机械装置，更被誉为我国最早的飞行器，为后来飞行器的研究提供了极具价值的启示。

关于木鹊飞鸢的发明过程，在民间传说中充满了传奇色彩。相传，鲁班看到鸟儿在天空中自由翱翔，心中涌起了强烈的探索欲望，他渴望能够创造出一种如同鸟儿一般飞翔的器物。于是，他开始仔细观察鸟儿的身体结构和飞行姿态，经过反复试验和改进，最终成功制造出了木鹊飞鸢。这一发明在当时引起了巨大的轰动，人们对鲁班的智慧和技艺赞叹不已。木鹊飞鸢的问世，不仅展示了人类对飞行的向往和追求，也为后续飞行器领域的发展播下了种子。

除了木鹊飞鸢，鲁班制造的木人、木马同样令人称奇。西汉王充《论衡·儒增》记载“犹世传言曰：鲁般巧，亡其母也。言（其）巧工，为母作木车马、木人御者，机关备具，载母其上，一驱不还，遂失其母”。在鲁班的故里曲阜，还流传着他制造“弓人”“木马”的传说。当时，鲁班妻子云氏在坐月子期间，干活缺少帮手，鲁班便萌生了制造能代替人力劳动的机械的想法。（一说为鲁班在徒弟走后因缺少帮手而制）受儿时玩的竹弓启发，他将竹弓与锯条结合，发明了能拉锯的“人”，随后又制造出了能替乡亲们耕地犁田、推磨轧碾的木马。这些木人、木马机关备具，具备一定的自动化功能，能够代替人从事繁重的体力劳动，从而大大提高了生产效率。

（2）鲁班锁

鲁班锁内设机关，凭钥匙才能打开，是鲁班的又一杰作。它起源于鲁班首创的榫卯结构，不仅具有实用价值，还蕴含着丰富的智慧。国家级非物质文化遗产“鲁班传说”中提到鲁班在教育年幼的儿子时，利用榫卯结构制作了鲁班锁，让儿子拆了再装上，以此开发儿童智力。这一小小的玩具，看似简单，实则蕴含着深奥的机关和巧妙的结构，易拆难装，充分体现了榫卯结构的精妙之处。后来，鲁班锁逐渐演变成孩子们手中的益智玩具，深受人们喜爱。同时，鲁班在榫卯结构的基础上发明了斗拱。斗拱通过逐层纵横交错叠加，形成了独特的飞檐反宇建筑风格，不仅使建筑更加美观，还具有减压防震和固定结合的重要作用，在华夏古建筑中得到了广泛应用。在曲阜的孔庙大成殿、奎文阁、颜庙、周公庙、鲁班庙等古建筑物上，斗拱都发挥了重要作用，成为中国古代建筑高超技艺的象征。

（3）生活器具与手动工具

在生活器具领域，鲁班的发明极大地改善了人们的生活质量。他发明的碾和磨，是农业生产中的重要工具。在碾和磨出现之前，人们粉碎粮食主要依靠凿臼捣碓的方式，这种方式不仅费力，而且效率低下。鲁班看到妻子云氏抱着碓头搋粮食的艰辛，决心改变这一现状。于是，他前往曲阜东南的管勾山石堂，与石匠们商议后，发明了第一代碾——“石槽子推碾”，后来又改进为“转盘子碾”。碾的出现，大大提高了粮食粉碎的效率，减轻了百姓的劳动强度。

磨的发明同样具有重要意义。《世本・作篇》明确记载：“公输作磨。”鲁班在看到老黄牛反刍时受到启发，经过精心设计和制作，打造出了磨。磨的结构巧妙，通过上扇的转动和磨齿的作用，能够将粮食磨得更加细匀。随着时间推移，磨的种类逐渐增多，出现水磨和旱磨之分，满足了不同的生产需求。有了磨之后，人们的饮食变得更加丰富多样。面粉可以被加工成各种美食，如馍、饼、面条、水饺等。磨的发明迅速传遍了鲁国及其他诸侯国，对农业生产和人们的生活产生了深远影响。

风箱的创制与推广，也被公认为是鲁班对生活器具领域的一大贡献。在古代社会中，风箱是家家户户生火做饭和农业手工业生产不可或缺的工具。据传，鲁班看到父母在用地锅生火做饭时，很难点燃碎柴和湿柴，且在点燃它们的过程中会冒出呛人的浓烟，便决心发明一种工具来吹风助燃。他选用梧桐木，精心制作风箱壳，预留出风道，安装上风箱嘴子，并用公鸡毛扎制毛头，同时安装上风箱杆子和前后进风挡风小门。为了实现推拉两面都能出风，他还在风箱嘴子内风道中间安装了灵活的风箱舌片。这一发明，不仅减轻了劳动强度，减少了浓烟对空气的污染，而且提高了生活质量，省时、省柴又省力，深受百姓喜爱，很快便在神州大地普及开来。

伞的发明则体现了鲁班妻子云氏（一说为鲁班之妹）的智慧。传说鲁班为方便百姓劳作时避雨乘凉，在鲁国都城建造了许多小亭子，但这些亭子仅能作为固定的休息、避雨场所，无法为人们在雨雪天出行时提供足够的庇护。云氏受到丈夫修建亭子的启发，对照亭子的式样，借鉴鲁国都城池塘中荷叶既能顶在头上避雨遮阳又能在被较好地折叠的特性，制成了带油布的雨伞。伞的发明为人们在不同天气条件下的出行提供了便利，班门传人将伞的制作技艺传承至今，为各国百姓避雨遮阳，从而为人们的生产生活提供了便利。

在手动工具领域，鲁班的发明为木工和建筑行业带来了革命性的变化。传说鲁班在鲁国南山伐木时，被锯齿草划破了手。他发现草叶边上的小齿具有很大的威力，于是和徒弟们经过反复试验，发明了铁锯。这一发明经改良后，大大提高了伐木的效率，使木料准备工作更加便捷。后来，鲁班又对伐木锯进行改造，用木框架固定锯条，使其使用起来更加省力。锯享有“木工之宝”的美誉，虽然随着社会的进步，木工行业逐渐实现了电气化，但它在这一行业中的重要地位始终未曾改变。

刨子的发明同样解决了木工制作中的一大难题。在刨子发明以前，对木板的加工主要依靠刀斧等工具，效率极低，且难以达到平整如镜的效果。鲁班在实践中发现，用较薄的斧头破木料既省力效果又好，于是按照斧头的样子，经过多次改进，制造出了刨子。刨子的出现，使木板表面能够被刨得光滑平直，拼接时也能严丝合缝，大大提高了木工制作的质量和效率。此外，鲁班的妻子云氏还对刨子的使用方式进行了创新。她在木工用的大板凳上钉上两个木橛，用来顶住、夹住要刨的木料，这一创新不仅节省了人工，还使刨削过程变得更加稳固牢靠。后来，鲁班的徒弟们为了纪念师娘的发明，将这个木橛卡口取名为“班妻”，并尊称其为“妻贤”。

墨斗是我国木工常用的工具之一，主要用于木材表面弹线、吊线定位，以便破料解板、开榫、凿卯等。传说鲁班从母亲裁衣服用的粉面布袋中得到启发，用木盒代替粉袋，用墨汁代替石粉，从而发明了墨斗。早期使用墨斗时，通常需要两人合作，一人捏住线的一头，另一人固定墨斗并弹出墨线。后来，鲁班根据母亲的建议，将木钩改为竹节钩，使一个人就能完成弹线工作。为了纪念鲁班母亲的这一贡献，木匠师傅们将这个竹节钩取名为“班母”，并尊称其为“母智”，这一名称流传至今。

曲尺，也就是如今木匠所用的鲁班尺，构造简单，但功能多样。《续文献通考·乐考·度量衡》记载：“盖自鲁班传至于唐……由唐至今用之。”《鲁班经》也载：“鲁班尺乃有曲尺，一尺四寸四分，其尺间有八寸，一寸准曲尺一寸八分。”《阳宅十书》曰：“海内相传尺数种，屡做试验惟此尺为真，长短协度，凶吉无差。盖昔公输子班，造极木作之圣，研穷造化之微，故创是尺。”鲁班尺不仅是测量物体、加工木料的实用工具，还被赋予了一定的文化内涵。古人认为按鲁班尺丈量确定门户，可以光宗耀祖，所以它在民间工匠中被视为选择吉凶的“神尺”。曲阜鲁班研究会收藏的古代鲁班真尺，制作精细，上面刻有刻度、文字，技术含量很高。2011 年，由国家级非遗曲阜木雕刻山东省级代表性传承人孔繁彪用楷木雕刻复原的鲁班尺，展示了鲁班尺的独特魅力，在香港庆祝鲁班先师宝诞联欢晚会上引起轰动。

圆规的发明，是鲁班受到母亲穿秫秸秆锅拍的启示而创造的。他看到母亲用一根秫秸秆，截成与锅口直径相同的长度，取中间一点，用大针钉在锅拍上，手指拨动秫秸秆，用笔墨在一头随着转动一周，就画出了一个圆形。鲁班借鉴这一方法，发明了圆规。有了圆规，人们在绘制圆形时更加方便、准确，圆规也成为木工和建筑设计者的重要工具。正如后人赞叹的：“天下自此知规矩，人间从兹行方圆。”圆规的发明，体现了鲁班善于观察生活、从生活中汲取灵感的创新精神。

凿子的发明也是鲁班仿生的成果。一天，鲁班看到院子里榆树上的啄木鸟在虫眼处啄木找虫，很快就把坚硬的树干啄出一个小洞。他受到启发，仿照啄木鸟的嘴，将一截铁棍打磨成斜光平面的凿子，然后用斧头敲打凿子的上端，成功凿出了有边有棱的卯眼。铁锯开榫、铁凿凿卯，榫卯结构的木构古建筑因此得以兴起并传遍齐鲁大地。凿的发明，为木工制作和建筑施工提供了关键的工具，使得榫卯结构的连接更加牢固，极大地推动了中国古代建筑技术的发展。

2. 建筑技艺方面

（1）建筑结构与技巧

鲁班被尊为建筑业的鼻祖，他发明的木石榫卯结构，是中国古代建筑的核心技术之一，展现了高超的建筑智慧。榫卯结构通过榫头和卯眼的巧妙结合，使建筑更加稳固、耐用，不需要使用钉子等金属连接件，就能承受巨大的重量和外力。这种结构不仅体现了中国古代建筑的独特魅力，还反映了当时先进的力学理论和工艺水平。

谷堆亭、土堆亭和鱼抬梁等建筑技巧，是鲁班在建筑设计和施工方面的杰出创造。以鱼抬梁为例，这一设计巧妙地运用了力学原理，通过在梁的两端设置精雕细刻的大鲤鱼头，使得木梁能够更加稳固地承受重量。同时，鱼抬梁的设计也为建筑增添了艺术美感，使建筑更加美观、独特。这些建筑技巧不仅解决了建筑中的实际问题，还体现了鲁班对建筑美学的追求，为后世建筑的发展提供了宝贵的经验。

（2）宫殿民居与城市建设

相传鲁班在鲁国及周边国家参与建造了许多亭、台、楼、阁、桥等建筑，这些建筑展现了他卓越的建筑技艺。鲁国都城的建筑雄伟壮观，结构对称防震，经久耐用，其中不少宫殿的建筑质量堪与后世的京城皇宫媲美。鲁国都城的建筑不仅体现了鲁班的高超技艺，而且反映了当时鲁国的繁荣和深厚的文化底蕴。曲阜作为鲁班的故里，至今仍保留着许多古建筑，如孔庙、孔府、孔林、周公庙、颜庙等。这些古建筑规模宏大、构思巧妙、雕梁画栋，历经千年而不颓、风雨剥蚀而巍然，无不渗透着鲁班和班门传人的聪明才智。

曲阜的孔庙大成殿

曲阜孔庙的大成殿是中国古代建筑的杰出代表之一。殿内有28根高大的檐柱，前排10根为深浮雕盘龙石柱，每柱饰以莲花座，石柱上雕刻着二龙戏珠和祥云图案，工艺精湛，栩栩如生；其他18根是浅浮雕，每柱雕刻有72条龙。这些石柱不仅是建筑的支撑结构，更是艺术的瑰宝。大成殿的建筑结构采用了鲁班发明的榫卯结构和斗拱技术，使得大殿更加稳固、美观。斗拱层层叠加，形成了独特的飞檐反宇风格，展现了中国古代建筑的独特魅力。

鲁班的建筑技艺对城市建设产生了深远影响。他的设计理念和施工方法注重实用性、美观性与安全性的结合，为后世城市规划和建筑发展提供了重要借鉴。在城市布局方面，他遵循一定的规划原则，注重建筑与环境的协调统一。这种城市布局理念，对后世城市的规划和发展产生了重要影响，成为中国古代城市建设的典范。

此外，鲁班在建筑施工过程中，极为注重工程质量和工艺细节。

他对建筑材料的选择、施工工艺的要求都非常严格，从而确保了建筑的质量和耐久性。他的这些理念和方法为后世建筑行业树立了榜样，推动了建筑技术的不断发展和进步。曲阜古建筑业在继承和弘扬鲁班文化及古建筑技艺方面发挥了重要作用，形成了设计、施工、装饰和建筑材料加工一体化的全产业链。该产业不仅在国内占有可观的市场，赢得了良好声誉，其从业人员还在美国、法国、澳大利亚、韩国、罗马尼亚等国家开展了古建筑设计和施工项目，让我国鲁班古建艺术在海内外得以发扬光大。

3. 军事器械的创新应用

（1）云梯与钩强

在军事器械领域，鲁班的发明发挥了重要作用，云梯和钩强是他的两项重要军事发明。云梯作为古代攻城的关键器械，在诸多典籍中均有记载。《墨子・公输》载："公输盘为楚造云梯之械。"《战国策・公输般为楚设机》也提到墨子往见公输般时说："闻公为云梯。"鲁班制造的云梯构造精巧，《通典・兵十三・攻城载具（附）》载云梯"以大木为床，下置六轮，上立双牙，牙有检，梯节长丈二尺，有四桄，桄相去三尺，势微曲，递互相检，飞于云间，以窥城中"。云梯的上部构造与现代消防云梯相似，能够帮助士兵迅速登上城墙，为攻城作战提供了有力支持。

楚王为了争霸天下，从鲁国请来了鲁班制造云梯，以助楚攻宋。虽然墨子后来通过与鲁班、楚王的论战，成功阻止了楚国的攻宋计划，但云梯的威力在当时已得到充分展示。云梯的发明，改变了古代战争的格局，使攻城作战变得更加高效。

钩强是我国古代水战中的武器。《墨子·鲁问》记载:“昔者楚人与越人舟战于江，楚人顺流而进，迎流而退，见利而进，见不利则其退难。越人迎流而进，顺流而退，见利而进，见不利则其退速。越人因此若埶，亟败楚人。公输子自鲁南游楚，焉始为舟战之器，作为钩强之备，退者钩之，进者强之，量其钩强之长，而制为之兵。楚之兵节，越之兵不节，楚人因此若埶，亟败越人。”钩强兼具钩和拒的功能，不仅能够有效地抵挡敌船的进攻，钩住企图逃跑的船只，还能用于钩墙登城。

在水战中，钩强的使用改变了战争的局势。楚国在使用钩强之前，与越国的水战中常常处于劣势，因为越国船只顺流撤退时，楚国船只难以追击。而钩强的发明，为楚国在水战中提供了更强大的武器，使其能够有效地阻止越国船只撤退，并对越国船只发动攻击。

（2）军事器械的影响

鲁班的军事器械发明不仅在当时的战争中发挥了实际作用，而且对后世军事技术的发展产生了深远影响。云梯的设计理念为后来的攻城器械发展奠定了基础，推动了军事工程技术的进步。钩强的出现，则丰富了水战的战术和武器装备，提高了军队的战斗力。这些发明展示了鲁班在军事领域的创新思维和卓越才能，也反映了当时社会对军事技术的需求和重视。

（三）鲁班声名誉神州

在华夏波澜壮阔的历史中，鲁班之名恰似一颗熠熠生辉的星辰，闪耀着智慧与创新的夺目光芒。作为中国古代杰出工匠的代表，他不仅是古代科技与文化的鲜活象征，更以非凡的成就声名远扬。他的事迹与精神在神州大地乃至全球广泛传播，影响深远。

1. 鲁班传说：民间智慧的多彩画卷

鲁班的传说在民间深深扎根并进一步繁荣发展，以多样形态展现着他非凡的一生。不同地区的鲁班传说各具特色，饱含着人们对他的崇敬与赞美之情。有的地区传说鲁班与龙王斗智斗勇，他观察鱼儿游水发明了橹，还与龙王较量，先后发明了一截橹、两截橹、三截橹，生动地诠释了橹的发明过程与名称的由来。橹的发明是杠杆原理的巧妙运用，它操作轻便，推进效率高，获得了西方人“可能是中国发明中最科学的一个”的赞誉。在建筑领域，传说在宋重修孔庙奎文阁时，鲁班显灵指导施工，使得这座建筑历经风雨依然屹立不倒，彰显了人们对其建筑技艺的高度认可。

2. 民间传承：千年传颂的文化薪火

鲁班传说以口口相传的方式在民间延续千年，承载着深厚的民间文化内涵。它不仅是百姓茶余饭后的谈资，更是教育后代、传承技艺的珍贵素材。在过去，长辈常讲述鲁班的故事，以此激发孩子们对发明的兴趣，培养他们的创新思维与实践能力。比如，通过讲述锯的发明传说，鼓励孩子们

台中巧圣先师庙全景

曲阜鲁班研究会应邀参加粤港澳大湾区鲁班先师诞辰 2530 年纪念活动

在面对困难时，要善于观察、勇于创新。同时，这些传说在无形中传播着木工、建筑等技艺知识，让年轻一代领略到传统技艺的魅力与价值。

鲁班的影响力早已跨越国界，传播至日本、韩国、法国、埃及、葡萄牙等国家。在日本，鲁班的故事激励着工匠们追求卓越；在韩国，鲁班的智慧和技艺成为建筑行业的典范。如今，鲁班文化已然成为世界文化交流融合的重要部分。

3. 屋梁挂红：传统仪式中的文化传承

在民众心中，盖屋上梁是至关重要的大事，尤其是上梁环节，更是被视为重中之重。明代《鲁班经》中详细记载了《立木上梁择吉仪式祝文》。旧时，上梁之际，房主要摆供品、烧香叩头，敬告太岁及神灵，祈求家宅平安。因上梁登高涉险，故人们期望获神灵庇护。木工掌墨师傅将斧头、墨斗、曲尺放在桌上，木工、瓦工和房主洗手洗脸，以示庄重。随后，房主点燃蜡烛、上香，恭请木工上梁。木工掌墨师傅会说吉祥话，把红布搭在梁的中间，将其称为“屋梁挂红”；有的地方还会举行奠酒浇梁的仪式。如今，孔孟之乡、鲁班故里一带，上梁时仍保留燃放鞭炮，以及在梁柱、门框、窗框上贴吉祥对联的习俗，如梁上书“上梁欣逢黄道日，立柱喜遇紫微星”。这些习俗既传承了古老的文化传统，又表达了人们对美好生活的向往及对鲁班精神的传承。

4. 口传心授：鲁班文化的代代相传

在曲阜当地，直至 20 世纪 60 年代，木匠学徒期满出师时，仍保留着一个传统：师父会传授徒弟一门儿看家本领，以防徒弟日后外出干活时遭人刁难。这门儿本领师父并不诉诸文字，而是口头传授，徒弟用心牢记。具体情形如下：

学习木匠手艺讲究拜名师，即便是家传手艺，也须另拜师父。原因在于，拜了名师，便会有众多师叔、师伯和师兄弟，这意味着将来闯荡社会时能得到诸多照应，门路也更为广阔。再者，要想将手艺学精学透，必须外出历练。

拜师时要写门生帖，称为受业门生，门生又分为门里生和门外生。门里生在师父家吃住学习，不仅要从事木工活，还要伺候师父，帮忙干家务；门外生则只在师父家干活，不在此吃住。

拜师仪式上，先拜祖师鲁班的神位，接着拜师父，最后拜师母。

三年学徒期间，徒弟要全面掌握各种木工技艺。待师父认为徒弟技艺成熟，可以出师闯荡时，便会传授一门看家本领。

这门本领便是将木工主要工具的别名与二十八星宿相对应。木工工具的主要组件皆有一个与之匹配的星宿名称。因为出师后的木匠常常外出，到各地做工，初到一个陌生地方，当地匠人有时会前来“盘道”，指着墨斗或刨子等工具，要求说出每个组件的别名。若答不上来，便会被视为技艺浅薄，遭人驱赶；若能答对，就表明其有师门传承，技艺正宗，便可留下继续干活挣钱。

俗话说，和尚吃八方，他们靠化缘为生；木匠则吃十六方，他们依靠四处做工谋生。当木匠在某处无活可干时，便会前往庙门前，将鲁班尺、墨斗、锯、刨、斧等工具整齐摆放在庙门口。和尚打开庙门后，请木匠进庙，木匠在庙中帮忙修缮，以此换取饭食，此时和尚也会考验木匠有关修缮方面的知识。

这些别名分为金、木、水、火、土、日、月七部，每部对应四个星宿名，共计二十八个。2008 年初，曲阜著名工匠、时任曲阜古建设计院院长的李一中先生接受采访时，凭借回忆，提供了这些木工工具的其中一种别名：

◎金：亢金龙（吴汉）对应大锛；牛金牛（祭遵）对应二人拉钻；娄金狗（刘隆）对应搂锯；鬼金羊（王霸）对应二人拉大锯。

◎木：角木蛟（邓禹）对应角尺；斗木獬（宋祐）对应刨子；奎木狼（马武）对应斧子；井木犴（姚期）对应框锯。

◎水：箕水豹（冯异）对应墨斗床；参水猿（杜茂）对应墨斗轮；轸水蚓（刘植）对应墨斗线；壁水貐（臧宫）对应墨齿。

◎火：室火猪（耿纯）对应胶锅；尾火虎（岑彭）对应胶锅挡火盖；翼火蛇（邳仝）对应胶锅木尾把；觜火猴（傅俊）对应胶锅木刷。

◎土：氐土貉（贾复）对应木桷；女土蝠（景丹）对应皮条线刨；胃土雉（乌成）对应阳线刨；柳土獐（任光）对应木工做活长板凳。

◎日：房日兔（耿弇）对应匾铲；虚日鼠（盖延）对应小凿；昴日鸡（王良）对应圆凿；星日马（李忠）对应宽凿。

◎月：张月鹿（万脩）对应平线刨；心月狐（寇恂）对应抬簧刨；危月燕（坚镡）对应排簧刨；毕月乌（陈俊）对应糟刨。

需要注意的是，这些别名及其对应关系可能因地区和流派的不同而有所差异，也正是这种差异，使得鲁班文化在不同地区呈现出不同的特色，也使得其在不同地区得以因地制宜，蓬勃发展。而这种“口传心授”的方式也别具一格，它生动展现了一位木匠从拜师仪式、入门学艺、日常劳作，到出师后闯荡江湖所必备的谋生诀窍，具有极高的价值，生动再现了行业文化传统通过师徒口传心授、代代相继的具体过程，堪称行业文化现代传承的生动缩影。

5. 鲁班奖项：建筑行业的至高荣誉

鲁班奖全称“中国建设工程鲁班奖”，由国家设立，是中国建筑行业工程质量的最高荣誉奖，充分彰显了对鲁班精神的高度认可与弘扬。该奖项原名“建筑工程鲁班奖”，于 1987 年由中国建筑业联合会（现为中国建筑业协会）设立，在 1996 年与“国家优质工程奖”合并，其评选对象为中国境内承包且已建成并投入使用的各类工程，获奖单

以鲁班形象设置的鲁班奖奖杯

位分为主要承建单位和主要参建单位。评选过程极为严格，分为申报、初审、复审和评审四个阶段，由权威专家组成评审委员会进行评审。截至 2022 年，全国众多工程获此殊荣，涵盖了多个领域，如天安门广场、深圳铁路新客站、尼山圣境宫像区等。鲁班奖激励着建筑施工企业加强质量管理，有力地推动了中国建设工程水平的提升，是鲁班精神在当代建筑行业的生动体现。

四、鲁班文化在曲阜

曲阜，这座承载着数千年华夏文明的东方圣城，既是“文圣”孔子的故乡，也是“工圣”鲁班的故里。鲁班文化对于曲阜而言，犹如一颗璀璨的明珠，在历史长河中熠熠生辉，见证着这座城市的兴衰变迁，也塑造着其独特的文化风貌。它贯穿了曲阜的古今，从古老的建筑遗迹到现代的文化活动，从学术研究到产业发展，鲁班文化无处不在，且不断传承与创新，为曲阜乃至整个中华民族的发展贡献着独特的价值。

（一）鲁班文化的历史积淀

曲阜的土地，仿佛也在诉说着鲁班的传奇故事。众多与鲁班相关的古迹，犹如一部部无言的史书，记录着他的伟大功绩和深远影响，成为鲁班文化深厚积淀的有力见证。

鲁故城的鲁班祖庙宅，作为祭祀鲁班的重要场所，承载着后人对这位“工圣”的无尽尊崇。宋代时，它被称为“工师庙”，而明代则被称为“艺圣庙”。在漫长的岁月里，它历经风雨洗礼，多次遭受毁坏却又屡次重建。庙内曾经供奉的鲁班神像，头戴二层台式冠，上有二龙戏珠及红绒球，两耳垂穗，身穿五彩蟒袍，粉红脸庞，双手抱圭，神态庄重威严。两旁侍童头戴青毡滚龙加檐帽，身穿五彩绣花大领袍，左童捧书，右童捧尺，栩栩如生。殿内的壁画描绘着鲁班的主要生平事迹，后墙绘有五彩博古壁画，这些都生动地展现了他的传奇一生。殿内还悬挂着清乾隆、嘉庆、道光、同治、光绪朝以及民国时期的九块木匾，正中一块匾刻“聪慧绝伦”四个大字，彰显着后人对鲁班智慧的高度赞誉。如今，虽部分建筑已毁于历史的风雨，但其遗址依然承载着厚重的文化记忆，那片土地仿佛还留存着当年祭祀时的庄严氛围，这也使其成为人们探寻鲁班文化根源的重要之地。

曲阜九龙山是鲁班发明铁锯的灵感诞生地。铁锯的发明大大提高了木工效率，也开启了人类工具制造的新篇章。如今，九龙山已被国家和省市规划为中华文化标志城建设区域，这里不仅自然风光优美，而且承载着鲁班的智慧，吸引了无数人前来探寻他的灵感源泉，感受他勇于创新的精神力量。

曲阜城东南息陬镇境内的管勾山是鲁班发明碾磨的地方，也是鲁国宫殿用石的重要产地。管勾山巨石林立，当年鲁班在这里与石匠们共同商议，试图改变搋米成面这一笨重又低效的方式。他偶然发现圆石头在石板上滚动时能碾碎沙砾，并由此受到启发，最终带领石匠们打造出了碾。后来，他又发明了磨，进一步提高了粮食加工效率。曲阜孔庙大成殿的 28 根盘龙石柱，皆取材自管勾山。它们不仅是建筑艺术的杰出代表，更是鲁班文化与曲阜建筑紧密相连的有力见证，也让人们看到了鲁班的创新精神对后世建筑产生的深远影响。

鲁班凿井遗址“八角琉璃井”，位于曲阜周公庙东北角。当年，鲁班家人住在鲁城盛果寺东平村，村庄东南方向的田地用水困难。鲁班运用“日落碗扣地，日出看水气”的打井绝招定位，经过不懈努力，打出了这口井。井水清澈甘甜，为当地百姓解决了用水难题。这口井不仅是生活的源泉，更体现了鲁班的智慧和对民生的关怀。据说此井的泉眼直通东海，人们时常能在泉水中发现鱼、虾和海贝等海洋生物。每当夏季来临，若东南风劲吹两三天，此井的泉水就更加旺盛，还带有阵阵海腥味。如今，虽然这口井已干涸，仅存遗址，但当年的清泉和鲁班的故事，依然在当地流传，让后人感受到鲁班为百姓生活带来的改变，成为人们口中的传奇佳话。

曲阜鲁班故里园，是近年来为传承鲁班文化而恢复重建的重要场所。2013 年 11 月，习近平总书记视察曲阜，发出大力弘扬中华优秀传统文化的号召。此后，曲阜积极响应号召，为系统性保护、活态性传承“鲁班传说”，恢复重建了中国两院院士、清华大学教授吴良镛先生题名的“曲阜鲁班故里园”。故里园为三进院落、三路布局，集鲁班广场、鲁班殿、鲁班博物馆、鲁班会堂、鲁班工坊、鲁班研究院暨鲁班文化传承中心等六大功能于一体，占地 43 亩。园内的鲁班广场宽敞开阔，是举办各类活动的重要场地。鲁班殿庄严肃穆，殿内供奉着鲁班神像，人们在这里缅怀这位伟大的工匠。鲁班博物馆收藏有丰富的文物和资料，展示着鲁班的发明创造和生

曲阜鲁班故里园中的鲁班大殿

平事迹，从他发明的各种工具到建筑模型，让人们能够更直观地了解他的贡献。鲁班工坊为人们提供了亲身体验鲁班技艺的机会，人们可以在这里学习制作鲁班锁、体验榫卯结构等。鲁班会堂则是举办学术交流、文化活动的重要场所。鲁班研究院致力于鲁班文化的研究和传承，推动着鲁班文化的发展；鲁班文化传承中心，则作为鲁班文化和鲁班工匠精神研学游教育培训基地，为青少年技能成才、技能报国做出应有贡献。每年在此举办的鲁班文化节，更是吸引着众多国内外游客和学者纷至沓来，成为曲阜文化活动的一大盛事。节日期间，人们可以参观展览、参加学术论坛、观看祭祀大典，深入感受鲁班文化的魅力。

特别需要提及的是，曲阜民间祭祀鲁班祖师从未间断，这些文化活动至今仍产生着重要的影响。根据历史文献记载，以往的鲁班祭祀仪式庄重有序，主要程序可分为以下六项。

祭祀开始，鸣炮奏乐。一般选定辰时（即 7 至 9 时）开祭，由唱序官（今称主持人或司仪）宣布祭祀开始。服务人员摆放祭品，祭品主要有三牲、供果、糕点等。

恭读祭文（祝文），依序祭拜。唱序官宣布主祭官就位，祭祀官净手上供、上香，进殿内为鲁班像掸尘、挂红，行三拜九叩大礼。然后由主祭官恭读祭文，宣读后由主祭官将祭文呈于鲁班殿香案供奉。主祭官祭毕，各行业代表依序进殿上香祭拜。祭拜完毕，由主祭官将祭文送入焚帛池焚化。唱序官宣布“礼成完美，百业受佑”，鸣钟鼓奏乐。

唱序官宣布谢帖。谢帖的主要内容是对参祭官员、社会名人等捐赠人员表达谢意。同时，对鲁班祖师大加赞扬：“弟子遍天下，百业更兴旺。”鼓励各行各业工匠敬德敬业，团结如兄弟，敬业念祖师，艺德艺行要仁厚等。

续香交流。唱序官安排勤杂服务人员续香、办宴，各行各业参祭人员相互交流，不可远离，等待成席祝酒。

宴会祝酒。在鲁班庙前小广场上，分木、石、瓦、扎、铁五行五大桌，官、商、名流三大桌，合称“八大桌”。其他行业人员也各自就座。开席后，主祭官向各位官员、巨商、名流人物等答谢并祝酒：第一碗酒敬祖师鲁班，第二碗酒敬各业宾客，第三碗酒同门共饮。随后，大家相互敬酒，共同进餐。

戏剧开场。宴席之后，唱序官宣布席毕，有大戏、庙会三天。戏的内容多是与鲁班有关的故事、礼曲及二十四孝曲艺等。庙会三天后，由主祭官向各地方官员答谢。

（二）鲁班文化的当代传承

为了让鲁班文化在当代焕发出新的活力，曲阜各界做了诸多努力，从学术研究、文化活动到教育传承等多个方面，全面推动鲁班文化的传承与弘扬。

在学术研究方面，曲阜积极举办各类鲁班学术报告会，邀请专家学者深入探讨鲁班文化的内涵与价值。学者们经过认真研究论证，得出曲阜为鲁班故里的结论。从历史脉络来看，作为战国初期的鲁穆公之子，在没有切实的证据证明他迁移外地之前，鲁班的故里应在鲁都。曲阜师范大学历史文化学院学者对鲁班身份、鲁班里籍、鲁班文化、鲁班技艺贡献和鲁班研究的未来展望等方面进行了深入述评，其研究引经据典，为人们进一步了解鲁班文化提供了丰富的资料和新的思路。这些学术成果不仅丰富了人们对鲁班文化内涵的认识，而且为鲁班文化的传承提供了有力的学术支撑，让人们更加坚信曲阜作为鲁班故里的历史地位。

在文化活动方面，曲阜的鲁班文化节已成为传承鲁班文化的重要平台。自 2006 年首届中国曲阜鲁班文化节举办以来，每一届都吸引了大量游客和班门传人参与。节日期间，祭祀大典庄严肃穆，人们怀着崇敬之心缅怀鲁班。主祭官净手上供、上香，进殿内为鲁班像掸尘、挂红，行三拜九叩大礼，然后恭读祭文，各行业代表依序进殿上香祭拜。整个祭祀过程遵循传统仪式，表现了对鲁班的敬仰之情。各类展览精彩纷呈，展示鲁班的发明创造、建筑技艺以及当代传承成果。如“中国曲阜巧圣鲁班文化展”展出展板 170 余块，实物 500 余件，让人们直观地感受到鲁班的智慧和创造力；“全国‘鲁

2023 年 6 月 15 日，“优秀传统文化与鲁班工匠精神”高端论坛在曲阜鲁班故里园举行，图为济宁市政府副市长、曲阜市委书记李丽与参会专家学者合影

班奖’辉煌三十年综合资料实物暨鲁班故里曲阜史书铁证展”通过展示珍贵的资料和实物，进一步证明了曲阜为鲁班故里。学术论坛上，专家学者共话鲁班文化的发展，为传承和弘扬鲁班文化出谋划策。此外，还有鲁班诗歌朗诵会、书画展等活动，从不同角度展现了鲁班文化的魅力。在鲁班诗歌朗诵会上，曲阜师范大学教授骆承烈和曲阜诗社、曲阜楹联学会等单位的专家学者创作了大量歌颂鲁班的精品力作，用诗歌的形式表达对鲁班的赞美之情；鲁班书画展共展出全国18个省(自治区、直辖市)200余名书画家的佳作227幅，这些作品或描绘鲁班的发明场景，或展现他的工匠精神，让人们在欣赏艺术的同时，也加深了对鲁班文化的理解和喜爱。

在教育传承上，曲阜将鲁班文化融入教育体系，培养学生的创新精神和实践能力。学校通过开设相关课程，让学生系统地学习鲁班的技艺和智慧。在一些学校的手工课上，老师会讲解鲁班锁的结构和制作原理，学生们亲自动手制作，锻炼了动手能力和空间思维能力。学校还举办手工制作活动，如木工制作比赛、建筑模型搭建等，激发学生对鲁班文化的兴趣。开展以鲁班文化为主题的演讲比赛和征文活动，让学生深入了解鲁班精神，培养他们的表达能力和思考能力。通过这些教育活动，学生们不仅学到了知识和技能，而且在心中种下了创新和实践的种子，为鲁班文化的延续培养了后备人才。

值得一提的是曲阜每年举行的鲁班文化纪念活动。近二十年来，曲阜围绕鲁班展开了丰富多样的纪念活动，有力地传承和弘扬了鲁班文化与工匠精神，具体如下。

鲁班文化节。2006年曲阜举办首届中国曲阜鲁班文化节，为期20天的“中国曲阜巧圣鲁班文化展”吸引3万多人参观，包括国际友人。截至 2024 年已连续举办 19 届中国曲阜鲁班文化节，每届文化节都有鲁班祭典、文化展览、技能竞赛、学术论坛等活动。如 2019 年文化节有祭祀、学术、展览、邮票首发等活动；2021 年文化节在鲁班故里园举行，有鲁班祭典、领导致辞、揭幕仪式、祭祀表演等；2023 年文化节有鲁班祭典、技能竞赛颁奖、战略合作签约高端论坛等环节；2024 年文化节有鲁班祭典、职业技能大赛颁奖、签订合作协议、开展研讨会等活动。

学术报告与相关论坛、研讨会。曲阜多次举办鲁班学术报告会，如 2006 年杨朝明教授作《鲁班里籍与鲁班文化研究的意义》报告、2010 年韩晓燕教授作《近三十年鲁班研究述评》报告、2013 年刘玉明作《工圣鲁班祭祀》报告。曲阜还于 2017 年设立“工匠精神讲堂”，并多次举办相关论坛与研讨会，如 2023 年举办“优秀传统文化与鲁班工匠精神”高端论坛、2024 年举办“历史文化名城保护与城市更新”研讨会。其中 2017 年设立的“工匠精神讲堂”截至 2024 年已举办 8 期，其间有众多专家学者受邀围绕鲁班文化与工匠精神进行演讲。

文化展览。曲阜举办各类鲁班文化展，如 2006 年“中国曲阜巧圣鲁班文化展”、2007 年“鲁班建筑文化展”、2010 年“工圣鲁班文化展”暨国家级非遗“鲁班传说”展；还参加多个博览会宣传鲁班文化，如全国书博会、世博会、文博会、科博会、非遗博览会等。

其他活动。曲阜每年都会有土木工匠拜师祭祖、盖屋上梁拜请鲁班仙师等传统活动，并在近二十年来出版发行了众多与鲁班相关的书籍，且举行了首发式。此外，曲阜举办了多种类型的活动宣扬鲁班文化，如 2008 年举办纪念巧圣鲁班诞辰诗歌朗诵会、2015 年全国建筑业优秀项目经理暨“鲁班奖”工程项目经理高级研修班和全国班门传人在曲阜联合祭祖师、2016 年全国建筑业首届企业文化建设经验交流会、2017 年《中国建筑业年鉴》编委大会暨全国建筑史志优秀成果研讨会。2018 年以来,“鲁班工坊”建设不断推进,2024 年天津机电职业技术学院和葡萄牙鲁班工坊师生来曲阜寻根朝拜。

（三）鲁班文化的价值彰显

鲁班文化在曲阜的传承与发展，具有深远的时代意义，涵盖了文化、经济和社会发展等多个重要领域。

从文化角度看，鲁班文化是曲阜多元文化的重要组成部分，与孔子文化相互辉映。孔子强调仁爱、礼义，注重人的品德修养和社会秩序的构建；而鲁班的工匠精神注重创新、实践，追求技艺的精湛和对事物的不断改进。两者共同构成了曲阜独特的文化底蕴，丰富了中华民族的文化宝库。鲁班文化中的创新精神，激励着后人不断探索未知，勇于突破传统；他的实践精神，教导人们要脚踏实地，通过实际行动实现目标。这种文化传承成为连接历史与现代的文化纽带，其既能够让后人领略到古代工匠的智慧和创造力，也为当代文化的发展提供了丰富的灵感源泉。例如，一些设计师借鉴榫卯结构，将其运用到现代建筑中，既体现了传统文化的魅力，又展现了现代设计的创新精神。

在经济领域，鲁班文化为曲阜的文化产业发展注入了强大动力。曲阜的古建筑业，依托鲁班文化和精湛的古建筑技艺，形成了设计、施工、装饰和建筑材料加工一体化的全产业链。曲阜的工匠们凭借高超的技艺，不仅在国内承担了众多古建筑的修复和新建工程，如济南千佛山藏经阁、德州禹城禹王殿、海南三亚南山寺观音阁等景观园林建筑的设计，曲阜孔庙大成殿孔子像神龛恢复工程、曲阜鲁班殿恢复工程及四川广元市广善寺、皇泽寺等古建筑、文物的重建、维修，而且将业务拓展到美国、法国、澳大利亚等国家，完成了美国纽约康州中国花园等古建设计和改造工程，让鲁班古建艺术在世界舞台上绽放光彩。此外，与鲁班文化相关的旅游业也蓬勃发展。曲阜的鲁班故里园、鲁班庙等景点吸引了大量游客前来参观学习，带动了当地旅游经济的增长。游客们在这里不仅可以欣赏到古建筑的魅力，而且能购买与鲁班文化相关的纪念品，促进了当地消费，为经济发展做出了重要贡献。

对于社会发展而言，鲁班文化所蕴含的工匠精神，正是当代社会所需要的宝贵精神财富。在追求高质量发展的今天，鲁班文化中的爱国敬业、精益求精、自主创新等精神品质，激励着各行各业的人们不断提升自我、勇于创新。在制造业中，工匠们以鲁班为榜样，追求产品的极致品质，不断改进生产工艺；在科技领域，科研人员学习鲁班的创新精神，勇于探索未知，推动科技进步。曲阜通过弘扬鲁班文化，营造了尊重劳动、尊重创新的社会氛围，为培养大国工匠奠定了基础，也为能工巧匠提供了良好的文化土壤。当地举办了各类技能竞赛［如“鲁班杯”全市建筑（古建类）职业技能竞赛］，并借此激发了人们学习技能的热情，提高了劳动者的素质，推动了社会的进步和发展。

曲阜作为鲁班故里，拥有丰富的鲁班文化遗产和深厚的文化底蕴。如今，曲阜通过多种方式传承鲁班文化，使其在新时代焕发出新的活力。鲁班文化不仅是曲阜的文化瑰宝，而且是中华民族的精神财富，它将继续在历史的长河中传承下去，为实现中华民族伟大复兴的中国梦提供强大的精神动力。随着时代的发展，相信曲阜的鲁班文化将不断创新和发展，在文化传承、经济发展和社会进步等方面发挥更加重要的作用，书写更加辉煌的篇章。

工圣鲁班像

五、规矩方圆成图腾

《孟子·离娄上》记载:“离娄之明,公输子之巧,不以规矩,不能成方圆。”孟子在此主要探讨的是规矩问题,此时“规矩方圆”已被作了形而上的引申。如今,“规矩方圆”早已物化为中华民族的道德规范与性格特征图腾。例如,过去拜师,师父首要强调的便是守规矩,要求做到“三稳”,即眼稳、手稳、嘴稳。而在当代,学生须遵守校规,军人要严守军纪,工人得恪守厂规。此外,我们出行时必须遵守交通规则,在日常生活中更要遵守法律法规等。在当今各行各业中,“规矩”的影子无处不在。而最初规是指画圆的工具圆规,矩是画直角或方形的工具尺,这两种工具最早是木工的常用器具,传说由鲁班首创。当然,传说鲁班还发明了诸多木工器具,帮助时人攻克了众多建筑难题,留下了许多相关传说故事,这些故事成为千古美谈。

(一)鲁班传说的形成与丰富

鲁班传说于 2008 年 6 月被评为国家级非物质文化遗产

在史料记载里,鲁班的事迹虽不算多,他高超的技艺与出神入化的技能却声名远扬,传遍各地。人们把众多发明创造都归到他身上,从而形成了大量关于他的动人传说。实际上,鲁班生活的时代,鲁国手工技艺极为发达。作为有名匠师,众多传说加诸鲁班,也有其合理之处。

1. 历史典籍中的鲁班

鲁班所处的时代，新兴社会力量开始兴起。这种社会氛围既动荡，又满是创造激情，促使各类有志、有识、有才智之人纷纷涌现，造就了中国古代伟大的思想解放时代。

从炎帝、黄帝时期起，部落首领大庭氏就生活在曲阜一带。传说他擅长建造宫殿，堪称曲阜乃至中华民族古建筑的鼻祖。盛唐时，曲阜的大庭氏库吸引大诗人李白登临，他留下《大庭库》一诗。

朝登大庭库，云物何苍然。
莫辨陈郑火，空霾邹鲁烟。
我来寻梓慎，观化入寥天。
古木朔气多，松风如五弦。
帝图终冥没，叹息满山川。

《太平寰宇记》记载：“大庭氏库，高二丈，在曲阜县城内县东一百五十步。”《路史》也提及：“大庭氏之膺箓也……都于曲阜，故鲁有大庭氏之库。昔者黄帝斋于大庭之馆，兹其所矣。”李白诗中的梓慎是鲁国大夫，春秋著名阴阳家，生活在鲁襄公、鲁昭公时期。《春秋·昭公十八年》记录“夏五月壬午，宋、卫、陈、郑灾”，《左传》则详细解释：“夏五月，火（火星）始昏见。丙子，风。梓慎曰：‘是谓融风，火之始也；七日，其火作乎！’戊寅，风甚。壬午，大甚。宋、卫、陈、郑皆火。梓慎登大庭氏之库以望之，曰：‘宋、卫、陈、郑也。’数日皆来告火。”不久，“宋、卫、陈、郑”四国果然来报火灾消息。

从“丙子”到“壬午”正好七日，梓慎预测竟分毫不差。

李白追寻梓慎足迹登上大庭氏之库，并未见到预示陈、郑火灾的天象，只见邹鲁大地古木、松柏隐于烟霭，先辈伟业已难以寻找，只剩山川供后人凭吊。

徐道撰写的《历代神仙演义》虽属神仙书籍，但记载了一些正史未录的史料，可以作为史书的补充。书中记载：“伬龙大庭氏，初曰朱颜，都于曲阜。以火为纪，一曰炎帝，见古皇编槿缉藋，仅蔽风雨，违祸患耳。不若因而法之，更广其制度，于是教民竖木为柱，横木为梁，设椽脊，置壁檐，覆之以茅茨，围之以泥荻，民从其教，果是气象不同。适有嘉瑞，三辰增辉，五凤异色，故曰大庭之馆。大庭少得内养之术，时已二百余岁，更能参悟长生，治十九载，遂隐去。”大庭氏最早教人建房，早于太昊，与青龙氏、葛天氏、无怀氏同时。

大庭氏在炎黄时期就是曲阜一带的部落首领，也是得道高人，以建房屋、造宫殿闻名。他离世后，古建技艺在曲阜民间传承不断，直到鲁班出生。鲁班集前人技艺之大成，将大庭氏建筑技艺发扬光大，把中华民族的古建筑技艺推向了新高峰。

下面这段文字是鲁班对自己制作规矩、传授技艺的理论概括：“（鲁班）尝语人曰：‘不规而圆，不矩而方，此乾坤自然之象也。规以为圆，矩以为方，实人官两象之能也。矧吾之明，虽能尽制作之神，亦安必天下后世咸能如吾之明耶？明不如吾，则吾明穷，吾之技亦穷矣。’爰制规矩准绳，使世之经营宫室，驾造舟车，与置设器物，以全民用者，总不不越其一成之法。”

“人官两象之能”指百姓和官员相互合作可完成的宏伟事业，

“一成之法”是鲁班最初制定的法则。这段文字的意思是：鲁班曾说，不用圆规和曲尺就能创造出圆和方的事物，这是天地间的自然现象。用圆规和曲尺制作方圆之物，是百姓和官员可以相互合作完成的伟业。自己虽能将制作技艺发挥到极致，但不知后世之人能否像自己一样聪明。如果后人的智慧不及自己，那么他的智慧就到了穷尽之时，他的技艺也就无法传承下去。于是，鲁班制作规、矩、准、绳，让后世营造建筑、制造舟车器物的人，都离不开鲁班制定的规矩准则。

鲁班作为著名匠师，正是那个大时代孕育出的杰出人物。他在当时成就突出，既有超凡的智慧和实践能力，又有惊人的想象力，创造出代表当时人类最高水平的飞行器，还能勤勉地建造房屋、桥梁、宫殿，制造众多生活和生产用具，改善生活环境，提高工作效率，他的发明在一定程度上解放了生产力。

从历史典籍的有限记载中，我们可知鲁班的发明创造在当时已广为人知。他生活的鲁国是礼仪之邦，手工业也极为发达，堪称诸侯国中的佼佼者。在这种历史背景下，鲁班才得以崭露头角。

墨子与鲁班同时代且交往频繁。《墨子·公输》篇记载“公输盘为楚造云梯之械，成，将以攻宋”，表明鲁班制造了攻城云梯；《鲁问》篇记载“公输子自鲁南游楚，焉始为舟战之器，作为钩强之备，退者钩之，进者强之，量其钩强之长，而制为之兵”，说明他制造了水战兵器。《鲁问》篇还记载鲁班用竹木削刻成鸟，此事《论衡》《列子》《淮南子》《太平御览》等典籍均有记载。也有人认为，木鸟虽然飞三天不下来有些夸张，但木鸟乘风飞在空中是有可能的。不过，从《孟子》《论衡》等典籍中都能看出，鲁班的智巧在当时已声名远扬。

从上述典籍记载可得出结论：在那个时代，鲁班是被社会普遍认可的、极具创造力且技艺高超的工匠。但在《墨子》《孟子》《礼记》《论衡》等典籍中，提及鲁班多是出于论辩需要，将其作为讲述道理的例子。可见，在当时及后世漫长的历史中，鲁班在正史中地位不高。这是中国传统文化价值导向所致，士人主要关注权力及相关事务，社会生产、生活实践常被他们忽略。《吕氏春秋》说："宫室已成，不知巧匠，而皆曰：'善，此某君某王之宫室也。'"这恰恰揭示了历史真相。

2. 鲁班传说产生的文化背景

从前文叙述可知，身为工匠的鲁班在历史上处境尴尬。他的才智与技艺获时人认可，其创造却遭知识阶层和社会主流忽视，价值未得到承认。《墨子》是记载鲁班事迹较多的典籍，在《公输》篇里，鲁班不过是墨子阐述"非攻"理论的一个论据与陪衬；而在《鲁问》篇中，墨子对鲁班造飞鸟的责难，让人深感无奈。

鲁班削竹木制成的飞鸟能在空中飞行，在两千多年前，这堪称人类想象力与创造力结合的巅峰之作。然而在墨子眼中，其意义却不及制作一个车轴制动键。这从侧面反映出中国文化的一个重要特点，那就是重视道德政治方面的宏大论述和具有实际功用的具体知识，忽视或否定超越社会现实的奇思妙想。这或许正是正史中少见鲁班身影的重要原因。

鲁班的发明创造，更多地见于正史之外的记载中。《世本》及明代的《物原》等书中提到鲁班发明了砻、磨、碾等粮食加工器械，还创造了刨、钻、臬栝等木工工具。但这些记载皆为零星、片段、点睛式的，仅简单提及鲁班发明了某种工具或器械，完全忽略了其创造发明的具体过程，且常从道德层面将这些创造贬低为奇技淫巧。然而这种情况也为后人凭借记忆与想象力进行叙述留下了广阔空间。这是正史之外的另一种历史，他的故事在民间世代传承，演绎着与人们生存、生活紧密相关的历史传奇，以满足民众的文化心理需求，同时寄托了民众的愿望与诉求。这种“正史”之外的历史，是隐形的、传奇的，更具有追本溯源的特性。鲁班的创造发明为人们的生产生活带来便利，他的奇思妙想也引导着后人发挥想象力，去填补历史的空白。

3. 鲁班事迹在传说中逐渐丰富

鲁班的发明创造始于改进木工器具。《墨子》《孟子》《礼记》中关于鲁班的记载，都是将他作为巧匠的例子来阐释相关道理。《世本》和《物原》则直接记述了鲁班的发明，如檃栝、砻、磨、铲、钻、刨、曲尺等。实际上，在《墨子》中，墨子与鲁班的交往已有传说的雏形，只是鲁班处于陪衬地位。王充在《论衡》中直接提及鲁班造木人、木车，称“亡失其母”是“犹世传言”，这已是一个口口相传的故事。汉乐府《艳歌行》称赞鲁班建造洛阳宫殿的高超技艺，诗中写道：“谁能刻镂此？公输与鲁班。被之用丹漆，薰用苏合香。本自南山松，今为宫殿梁。”这表明在汉代，已有人用文学形式颂扬鲁班事迹。

文学创作须在真实历史的基础上进行想象与虚构，这为后世鲁班事迹的文学化提供了范例。在将鲁班事迹文学化的过程中，鲁班的活动范围逐渐超出木匠本行。汉代以后的记载中，鲁班从事的行业领域扩展到制造铜炉、雕梁画栋、绘制神像等。南朝梁任昉的《述异记》中有鲁班刻木兰为舟、削木为鸢的记载。文中还记载:“鲁班刻石为禹九州图，今在洛城石室山。”这些对鲁班事迹的不断扩充与演变，显然已超出历史记载范畴，带有显著的想象色彩与传奇性质，已属于历史传说领域。不过，应该承认，有关鲁班创造发明的传说并非空穴来风、胡编乱造，而是一代代人心口相传、民间记忆层层积累的结果。这是以真实历史为基点的发挥与传播。

北魏郦道元《水经注・渭水》记载了鲁班绘制渭水桥畔忖留神像的故事:“桥之北首，垒石水中，故谓之‘石柱桥’也。旧有忖留神像，此神尝与鲁班语，班令其人出，忖留曰：我貌狠丑，卿善图物容，我不能出。班于是拱手与言曰:‘出头见我。’忖留乃出首。班于是以脚画地，忖留觉之，便还没水。故置其像于水，惟背以上立水上。后董卓入关，遂焚此桥。魏武帝更修之，桥广三丈六尺。忖留之像，曹公乘马见之惊，又命下之。”（王国维校:《水经注笺》，上海人民出版社 1984 年版，第 607 页）这个故事情节曲折，鲁班形象丰满，将其机智与高超技艺展现得淋漓尽致。

随着想象元素的融入，后世对鲁班事迹的描述愈发带有明显的神异色彩。此时的鲁班已不再是历史中的那个鲁班，他已进入传说的广阔想象空间。人们不断将各种技能和超自然的神奇之事附会到这个寄托了民众无限美好愿望的人物身上，鲁班在这个过程中升华为一个全新形象，在历史基础上被神化。但应该看到，人们在创造这些传说时，怀着敬畏、虔诚之心，愿意将自己的愿望与寄托融入鲁班的形象之中。

无论是关于鲁班发明的传说，还是关于鲁班师徒的传说，都将鲁班表现得无所不能，且具有鲜明的道德楷模特征。他常常在匠人们陷入无法解决的困境时出现，凭借自己高超神奇的技艺化险为夷、解危济困。

（二）鲁班传说的完善与传播

行业文化的形成，与人类社会分工的明确、细化及相对稳定密切相关。任骋在《行业祖师简论》中提出："当人们开始意识到自己的社会存在依赖于某种社会职能并把依赖同种社会职能而生存的人视为同类的时候，职业和行的观念便产生了。这时人们就把对超自然体的信仰和崇拜由全民的福神、祸神那里部分地或主要地转向了与本行业关系最为密切的善神、恶神这里，各行各业的人们根据自己利害关系的一致性和职业风貌的独特性推选出某一个（或某几个）人或者神作为本行业的行业守护神，俗常便称之为'祖师爷'。"（《七十二行祖师爷的传说》前言，海燕出版社 1986 年版，第 1 页）

中国的行业行会兴起于唐代"安史之乱"之后。彼时，社会剧烈动荡，战乱频发，各行各业的人面临着生存危机，时刻生活在恐惧之中。杜甫笔下"忆昔开元全盛日，小邑犹藏万家室。稻米流脂粟米白，公私仓廪俱丰实。九州道路无豺虎，远行不劳吉日出。齐纨鲁缟车班班，男耕女桑不相失"的大唐盛世已然破碎，朝廷自顾不暇，臣民们为在社会上安身立命，开始寻求与自己紧密相关的同类，以相互依赖、帮助和支持。贞观之治与开元盛世带来的经济繁荣，推动了唐朝手工业的蓬勃发展，制造工艺显著提高，各类建筑群落广泛修建，从业人群规模空前壮大，这为行业文化的产生、形成与发展奠定了基础。

到了宋元时期，行会制度已相当普遍，众多手工业如木作、石作、竹作等，都拥有了自己的行会。明清时期，行会转变为行帮组织，有着严格的帮规，包括店东与帮工、客师间相应的义务，统一的工资标准，学徒制度等。行帮还具有宗教性，是迎神、祭祀、公益救济事业的主体。童书业在《中国手工业商业发展史》中指出："又近代行会为求团结起来，对本行的祖师，都极端崇拜，遇祖师的诞辰，有热烈的庆祝，以作纪念，如木匠的崇拜鲁般，鞋匠的崇拜鬼谷子，都是例子。"（齐鲁书社 1981 年版，第 183 页）

行业祖师大多是某一行的首创者，或是行业技能的杰出代表。他们被神化，在民间被视作无所不能的神。人们常常将本行业的工具、产品、技艺等发明创造和重大成就都归功于他们。祖师的事迹以传说故事的形式在行业内流传，代代传承，并不断被加工和再创造。鲁班被木匠、瓦匠、石匠共同尊奉为祖师，有关他的传说也愈发充满幻想与理想色彩。传说的创作者将自己的愿望、理想、寄托和价值观念，集中融入祖师传说中，借助祖师的神奇力量，彰显自己所从事行业的崇高与神圣，表达劳动的自豪与光荣，同时也期望自己的行业和工作能得到祖师的护佑。

行业文化具有"隐示文化"的显著特征。任骋认为："所谓隐示文化是指它是该行业中人的心理（包括知识、态度、观念等方面的）现象，与该行业的有形的物质产品及其动态的显示行为相比较，它是非明显的文化形态。虽然未必是对外隐藏的东西，然而由于外行人可以不必明了它而仍能与之正常交往，因而它的实际情景很少为外行人所知，这一特点本身有时便成了维系本行业人情谊的链条。由此，一些关于祖师爷的传说故事也总是在行内不胫而走，外行人很少听得到。"（《七十二行祖师爷的传说》前言，海燕出版社 1986

年版, 第 5、6 页）然而, 鲁班传说与这一特征存在较大差异。木匠、石匠、瓦匠等行业的社会接触面极为广阔，鲁班也并非仅仅是一位神奇的工匠。最早关于鲁班的记载，并非将他视为木匠或石匠，其事迹一开始就不限于行业范畴。此外，在大多数传说中，他还是道德的化身，对整个社会群体具有教化作用。因此，相较于其他行业的祖师传说，鲁班传说传播面更广，受众更多，更具社会性，它早已突破本行业的狭小圈子，在社会中广泛流传。匠人们尊鲁班为祖师爷，视其为行业保护神，其目的一方面是宣扬他的功绩，另一方面也期望祖师保佑自己，在遇到困难时能得到祖师的帮助。在众多传说中，当人们面临困境、束手无策时，鲁班爷常常会化身为其貌不扬的老人或默默无闻的工匠给予帮助，同时展现出非凡的神奇技艺。有时他设局给予工匠启发, 让工匠自行领悟, 待工匠恍然大悟时，他已悄然离去; 有时他则亲自出手，帮助工匠化解危机，摆脱困境。

唐人段成式在《酉阳杂俎》中记载:“今人每睹栋宇巧丽，必强谓鲁般奇工也。至两都寺中，亦往往托为鲁般所造，其不稽古如此。”从这段叙述中可以看出，唐代工匠已将各种精巧工艺附会于鲁班身上。这段叙述也表明鲁班传说在唐代已广泛流传。

（三）鲁班传说的内涵与特点

研读有关鲁班传说的研究著作不难发现，研究者们或许忽略了文学多样性发展对民间传说的重要影响，而这一点实则非常重要。文学思想内容的丰富多元、创作方法的成熟及表现形式的发展，是包括鲁班传说在内的民间传说得以成熟发展与广泛流传的重要前提。

随着社会生活的发展，到了唐代，文学体裁与题材已变得丰富多样。唐传奇这一新兴文学形式及其所展现的内容，既不同于魏晋时期记载神灵鬼怪的志怪小说，也有别于记录名人逸事、言语的《世说新语》。唐传奇的描写范围更为广阔，除少量涉及神灵鬼怪外，更多的是描绘社会万象。唐传奇所刻画的人物大多具有传奇色彩，这与民间传说的特点极为相似，而鲁班传说的绝大部分内容也颇具传奇性。到了宋代，文言小说愈发成熟，对民间传说起到了极大的推动作用。唐宋之后，鲁班传说在内容上更为丰富，艺术上更为成熟，流传范围也更为广泛。

中国素有“上有天堂，下有苏杭”的说法。在苏州这片孕育了“人间天堂”、会聚了众多技艺高超的工匠的土地上，鲁班庙在过去并不鲜见。尤其是香山一带，几乎村村都建有鲁班庙。当时华夏大地上的鲁班庙数量可见一斑。在国外，尤其是东南亚的一些地区，如马来西亚的槟城，印尼的雅加达、红溪乌桥，以及新加坡、越南等华人工匠聚集之处，也都建有鲁班祠堂庙宇，庙中有塑像供人们膜拜供奉。这些场所也是工匠的活动场所，彰显着工匠阶层的师道尊严与尊师重教的风尚。工匠们凭借团结的力量维护着行业的基本权益与行业规章，他们通过联谊活动涵养德行、实现团结互助，体现着“天下匠人是一家”的质朴思想理念。目前在中国 30 个省级行政区以及东南亚一些国家，有 120 余座鲁班纪念祭祀场所，其中保护较为完好的有几十座。

鲁班传说大致可分为三个类别，即鲁班的神话传说、鲁班发明的传说及鲁班师徒的传说。接下来，我们将首先剖析鲁班的神话传说在思想内容和艺术表现上的特点，至于后两部分内容，由于篇幅所限，我们将在附录加以呈现。

《鲁班经·鲁班仙师源流》中将鲁班出生的场景描绘得如同神仙下凡，充满了虚构与夸张的色彩，原文为:“五月初七日午时，是日白鹤群集，异香满室，经月弗散，人咸奇之。”当时行业文化盛行，《鲁班经》的问世便是有力的证明。人们不仅把非凡技艺、重大发明创造都汇集于鲁班一人身上，还将他塑造成神灵，以此彰显自身行业的神圣性与神秘性。

可以说，鲁班传说的神话色彩源于其事迹本身的神异特质，只是在漫长的历史进程中，人们不断为其增添更多的神异性，使得相关传说的神话色彩愈发浓厚。任昉《述异记》记载:

> 七里洲中有鲁班刻木兰为舟，舟至今在洲中，诗家云木兰舟出于此。天姥山南峰，昔鲁班刻木为鹤，一飞七百里，后放于北山西峰上。汉武帝使人往取之，遂飞上南峰，往往天将雨则翼翅动摇，若将飞奋。鲁班刻石为禹九州图，今在洛城石室山。东北岩海畔有大石龟，俗云鲁班所作，夏则入海，冬复止于山上。陆机诗云：石龟尚怀海，我岂忘故乡。

郦道元《水经注》有对忖留神画像的描述，这些传说构思奇特，想象力纵横驰骋，跨越时空界限，充满力量。鲁班创造的四件神奇之物分布在天南海北。这些神奇之物看似触手可及，却又难以触及，这正是传说的魅力所在。在任昉的笔下，鲁班已从历史上的著名工匠升华为神。

民间创作的鲁班神话传说，与郦道元和任昉的记载又有所不同，有着更为曲折的情节和更为饱满的人物形象。在神话传说中，鲁班不仅是神灵，还常常以人的形象出现，凭借高超技艺为陷入困境的匠人排忧解难，助其走出困境，如“鲁班爷显灵”（孔祥金主编:《鲁班传说》，大众文艺出版社 2008 年版，第 39 页）、“叠檐殿的传说”（同上书，第 89 页）以及《工圣千秋》［傅鸿泉主编，（香港）中国国际文化出版社 2018 年版］中所记的鲁班传说大多属于此类。在这些传说中，鲁班常以老工匠的形象现身，在匠人处于最艰难的时刻出手，帮助其轻松地解决问题。有时传说的表现手法会有所变化，作者不让鲁班亲自操作，而是留下一个如同谜一般的物件或一句像谜一样的话，让人们去思索、猜测，待人们恍然大悟之际，困难便迎刃而解，而此时鲁班早已悄然离去。脱离困境的工匠们意识到是祖师爷前来相助，对鲁班愈发崇拜和敬仰。

六、工匠精神贯古今

鲁班被后世尊为“匠圣”或“巧圣”，他既讲规矩、有章法，又能创新、不拘泥；既讲技巧、有奇招，又善钻研、思进取；既教徒弟、传技艺，又惠百姓、利众生。鲁班身上承载了贯通古今的工匠精神，他的精神血脉穿越近两千五百年时空，至今仍在中华文明的肌理中奔涌。

（一）规矩立身与创新垂法

作为中国工匠文化的象征符号，鲁班身上承载着“规矩立身”与“创新垂法”的双重精神特质。这种精神既包含对技艺规范的严格遵循，又蕴含着突破常规的创造智慧，构成了中国传统工匠精神的核心基因。

1. 规矩立身是工匠伦理的基石

鲁班发明的曲尺、墨斗等工具，不仅是具体的技艺载体，更是规范意识的物化表达。《鲁班经》中记载的“凡造作，先依规矩”，揭示了古代工匠对技术标准的敬畏之心。这种规矩意识体现在工具标准化、工序规范化、职业伦理化等方面。规矩意识不只是技术规范，更是职业道德。古代工匠“不规不矩，不成方圆”的训诫，将技艺标准升华为职业信仰。规矩意识延续的是中华匠人的伦理精神，塑造了中国工匠特有的职业品格。北宋李诫在《营造法式》中强调“有定法而无定式”，既肯定了规范的基础性作用，又为创新留下了空间。这种辩证思维成为中国工匠文化的鲜明特征。

规矩立身，正如孔子所说的“七十而从心所欲不逾矩”（《论语·为政》），“不逾矩”强调以礼法制度为根基，建立个体行为准则，如周公制礼作乐，通过规范礼仪来维系社会秩序。这意味着很高的人生境界。鲁班生活在鲁穆公时期的鲁国，那里儒学氛围浓厚。《史记 · 游侠列传》说“鲁人皆以儒教”，《庄子 · 田子方》则说“举鲁国而儒服”，整个国家从上到下都深受儒家文化的熏陶，生动地展现了战国时期鲁国的文化特色。当时，鲁国作为儒学的发源地，儒家思想得到了广泛传播和深入实践，儒家思想在鲁国有强大的影响力和广泛的社会基础。鲁班成长在这样的氛围中，也体现了儒家的“守经”思想，即坚守核心价值体系。

2. 创新垂法是突破常规的创造智慧

鲁班的创新体现了“守正创新”的创造哲学，即在遵循传统的基础上，不断突破技术边界，创造出具有划时代意义的发明。无论是仿生创新、结构创新，还是材料创新，都遵循着“师法自然，巧夺天工”的创造原则。例如，传说中的木鸢模仿鸟类飞行原理，虽然未能真正实现载人飞行，但其仿生理念对后世产生了深远影响。

正如《周易》所说“穷则变，变则通”，创新垂法主张在既有框架中寻求突破，鲁班的创造与创新正是如此。北宋沈括在《梦溪笔谈》中记载的毕昇活字印刷术，同样是技术创新的典范。规矩立身与创新垂法是辩证关系，是根基与突破的统一。正如敦煌壁画千年演变史，壁画严守佛教仪轨（规矩），但在色彩运用和人物造型上不断创新（垂法）。历史的发展也是如此，汉代董仲舒“罢黜百家”确立了儒家正统（规矩），但宋代程朱理学通过吸纳佛道思想完成理论重构（创新），形成了宋代儒学的新形态。

规矩立身与创新垂法，是一对相辅相成的哲学概念，既强调遵循传统规范的重要性，又肯定突破创新的价值。鲁班手持曲尺墨斗丈量天地，却不墨守成规，他将自然之道化为人间巧思。《墨子》中关于鲁班“削竹木以为鹊”的记载，展现出鲁班超越时代的创新智慧。他不仅以技艺名世，更开创了“规矩方圆”的行业准则，影响了中国数千年。他的毕生所学与经验积累被凝练成“一料二线三打眼”之类的实操口诀，这些口诀也含有“器以载道”的哲学思考。从宫廷殿宇到市井民居，从农耕器具到战争机械，他的发明创造如繁星散落人间，让普通百姓得以用上省力的石磨，让工匠群体有了可遵可依的范式。

“规矩立身”与“创新垂法”这对概念揭示了文明演进的双重动力，它既有如萧规曹随般的制度坚守，又有似商鞅变法般的突破勇气。在当代，这种智慧可转化为“底线思维＋创新思维”的实践框架，为个人成长和社会发展提供了方法论指引。它揭示了规矩的文明密码，即从器物到制度的基因传承。《周礼·考工记》有这样一句话：“天有时，地有气，材有美，工有巧。”这构成了古代工匠的四维准则，其中“工有巧”的前提正是对“天时”和“地气”的遵循。创新的文明跃迁，就是从工具革命到范式突破的过程。《论语·卫灵公》记孔子说：“工欲善其事，必先利其器。”这句话就包含着明显的创新理念。孔子以工匠与工具为喻，强调准备工作的重要性，工匠若想做好工作，须先使工具锋利。同理，修养仁德须先结交贤能之士，积累资源与提高能力。后世常用此句比喻“欲成其事，先备其具”，强调事前精心准备的必要性。

从原始社会的石斧到宋代的活字印刷术，中华工匠始终在工具创新中寻找突破路径。元代的《农书》记载的“水转大纺车”，其传动系统设计理念体现了中国古代工匠对自然力的巧妙利用和机械传动技术的创新。它以水流为动力，通过水流冲击水轮旋转，将自然力转化为机械能。这种设计类似于水转碾磨，利用水力替代人力，“昼夜可纺百斤”，远超人力纺车。明朝宋应星的《天工开物》被誉为“中国十七世纪的工艺百科全书”，同样强调“天工”（自然规律）与“开物”（人工创造）的结合，注重实践观察与经验总结。

总之，规矩立身与创新垂法是辩证统一的文明智慧，它启迪人们在守正创新中开辟新境。站在人类文明演进的新起点，我们既要保持对技艺规范的敬畏之心，又要激发突破常规的创造勇气，让规矩与创新的双重奏，继续谱写新的篇章。

（二）巧技制胜与积极进取

巧技制胜是一种智慧的博弈哲学，本质上是强调以最低成本达成目标的策略思维，类似于《孙子兵法》中“不战而屈人之兵”的智慧。例如，在现代商业领域，企业通过社交裂变模式（如拼团砍价）快速突破下沉市场，这比传统广告投放更具效率；在现代科技竞争中，华为在5G研发中采用“数学优先”策略，通过算法优化弥补早期硬件短板；在个人发展方面，一些高效学习法等认知工具的运用也属此类。

积极进取则是指动能的持续供给，本质上体现了主动性与创造性张力的动态过程，类似于熊彼特的“创造性破坏”（Creative Destruction）理论中的企业家精神。这是一种破旧立新、动态演进的革新精神，其前提是具有颠覆与重构的勇气，要敢于做“创新的主体”，敢于冒险，打破常规，寻求突破。这种精神不仅仅是技术创新，更是对既有秩序的挑战与超越。主动拥抱变革，以创新为驱动力，就必须既承认“破坏”带来的阵痛，也坚信其对社会进步的必然作用。这种精神在数字时代尤为显著。

在商业文明演进的历史长河中，“巧技制胜”始终是镶嵌在战略王冠上的璀璨明珠。这是源自中国智慧的博弈哲学，其精髓在于以最小的资源投入获取最大的战略收益，与《孙子兵法》中的“全胜思想”形成跨越时空的共鸣。创造性破坏是一种革新精神，其内核在于要求主体具备打破既有范式的勇气与重构价值体系的智慧，这种精神在数字时代展现出更为强烈的颠覆性。这是智性博弈与革新精神的双重维度，是现代竞争哲学的进阶之道。在动态竞争环境中，这两种战略思维呈现出辩证统一的关系。巧技制胜往往是革新突破的前奏，为创新提供必要的资源积累与市场验证；而积极进取的革新精神则为巧技的迭代升级持续注入动能。这种哲学智慧的融合发展，必将催生更多超越传统认知框架的创新范式，为人类文明的持续进步注入源源不断的动力。

（三）授业解惑与博施济众

当我们在博物馆欣赏那些历经千年的青铜构件，在古建筑群仰望飞檐斗拱的精妙构造，仿佛仍能听见鲁班在教导弟子：匠人之道，在守正创新，在利物济民。这份将严谨与灵动相融合的精神遗产，至今仍在滋养着中国制造业的魂魄。

“授业解惑”与“博施济众”是两个源自中国传统文化的重要理念，分别代表了不同层面的社会责任与价值追求。授业解惑，出自韩愈《师说》“师者，所以传道受业解惑也”，即传授知识、解答疑惑，强调教育者的责任。这里的“师者”当然不仅限于教师，也可指通过知识分享、技能传授帮助他人成长的人。博施济众，出自《论语・雍也》“博施于民而能济众”，意思是广泛施舍、救济大众，侧重物质或经济层面的帮助，同时也体现了慈善精神，强调对弱势群体的关怀与社会资源的共享。二者均以“利他”为出发点，关注对他人和社会的贡献，体现了儒家“仁”的思想。二者的区别在于：授业解惑以知识、思想为工具，通过教育提升个体能力，注重“授人以渔”；“博施济众”则以物质援助为手段，直接解决生存或生活困境，注重“雪中送炭”。

在当代社会，二者常被赋予新的内涵并相互补充，一方面“授业解惑”对自己的弟子、亲友施教，另一方面“博施济众”有益于更多的人，这体现了二者的兼顾和统一。例如有些公益教育，通过免费课程、技能培训等方式，既“授业解惑”又间接促进“博施济众”，提升了贫困群体的就业能力。又如知识普惠，借助互联网平台，打破教育资源垄断，让“授业解惑”突破地域限制，实现更广范围的“济众”。不少企业主动承担社会责任，企业或个人通过设立教育基金、奖学金等形式，将物质支持与知识传播结合，实现二者兼顾。

可见，“授业解惑”是知识的传承与赋能，“博施济众”是物质的分享与关怀，二者如同“道”与“术”的结合，既需要教育启发心智，也需要善举温暖人间。鲁班精神也是如此，它承载了中国传统文化“知行合一”与“兼济天下”的理想追求。

面向未来，我们需要构建“新鲁班精神”。这种精神既要包含对工艺规范的敬畏之心，又要有突破常规的创新勇气；既要继承传统技艺精髓，又要掌握现代前沿科技；既要坚守职业伦理底线，又要具备全球视野与格局。真正的创新源自对规律的深刻理解，卓越的技艺需要道德的滋养，而文明的延续离不开代代相传的匠心。这是中华文明的独特标识，更是人类文明共同的精神财富，它会指引我们在不确定中雕琢永恒。

七、大国工匠谱新篇

大国工匠是我们中华民族大厦的基石、栋梁。实实在在地搞好职业教育，就要树立工匠精神，把第一线的大国工匠一批一批培养出来。根深才叶茂，源清有活水。遍布神州大地的“鲁班奖”工程和已在“一带一路”共建国家落地走向世界的“鲁班工坊”，联结到鲁班以及鲁班文化所承载的工匠精神，一定会更具思想内涵与生机活力。

（一）鲁班精神与中国文化

在华夏文明的漫长演进历程中，众多闪耀的精神标识共同构筑起中华民族的精神脊梁。其中，鲁班精神以其独特的内涵与深远的影响力，成为中国文化宝库中一颗璀璨的明珠。鲁班，这位具有传奇色彩的鲁国工匠，不仅给后人留下了诸多令人惊叹的发明创造，而且形成了一种融入民族血脉、贯穿历史长河的伟大精神。从民间工艺智慧的源头，到科技创新精神的传承脉络，再到道德与技艺文化融合的价值典范，鲁班精神全方位、深层次地诠释了中国文化的丰富内涵与深厚底蕴，成为连接过去、现在与未来的重要文化纽带。深入探究鲁班精神与中国文化之间千丝万缕的联系，不仅有助于我们更好地理解传统文化的精髓，而且能为当代社会的发展提供源源不断的精神动力。

1. 民间工艺智慧的杰出代表

手工业高度发达的鲁国为鲁班提供了得天独厚的成长环境，由此滋养了鲁班的工匠天赋。在生产工具领域，鲁班的发明创造极大地推动了木工行业的发展。刨、钻、铲等工具的问世，让木工的劳动效率大幅提升；曲尺（即鲁班尺）为木工度量提供了统一标准，规范了行业作业。这些工具不仅改变了当时的生产方式，更成为后世工具制造的重要基石。在建筑领域，鲁班同样成就斐然。传说中的“鲁班造桥”虽带有神秘色彩，但反映出人们对其建筑技艺的高度认可。他创造的机关备具的“木车马”，展示了他卓越的机械制造才能。鲁班的这些成就，是中国古代工匠“天人合一”理念的生动实践。中国古代工匠善于观察自然，将自然规律巧妙地融入人工技艺之中，达到了人与自然和谐共生的境界。

2. 科技创新精神的永恒象征

鲁班一生醉心于发明创造，其成果广泛应用于生产、建筑、军事等领域。锯子的发明体现了他“师法自然”的创新思维；石磨的发明实现了从间歇直线运动到连续旋转运动的转变，是对机械原理的前瞻性探索。

鲁班创新精神的核心在于勇于探索、精益求精和服务社会。他从不满足于现状，敢于突破传统思维的束缚，不断尝试新的方法和技术。在追求工艺品质上，他精益求精，力求器具既实用又美观耐用。同时，他始终心怀社会，所有发明创造皆以改善民生为出发点。这种精神与儒家“经世致用”的思想高度契合，强调科技服务于社会的价值取向。从古代到现代，鲁班精神一直激励着中国人民不断探索创新，在科技领域勇攀高峰。

3. 道德与技艺文化完美合璧的典范

鲁班的科技成就使他站在了技艺的巅峰，然而，相较于科技成就，他的道德操守更为人称道。起初，鲁班为楚国制造云梯、钩强等兵器，在墨子“兼爱”“非攻”思想的影响下，他深刻认识到战争的残酷，毅然停止制造进攻性武器，转而投身于民生器具的创造。这一转变彰显了他对生命的尊重和强烈的社会责任感，与儒家“仁者爱人”的理念不谋而合。

鲁文化滋养了鲁班的精神品格。鲁国作为儒家文化的发祥地，秉持“正德、利用、厚生”的理念，注重道德修养与实际应用的结合。鲁班将这一理念贯穿于实践中，通过精湛技艺改善民生，实现了个人价值与社会价值的统一。他倡导“德艺双修”，毫无保留地传授技艺，培养了众多优秀工匠，其言行成为后世工匠的行为准则，至今仍在各行业传承。

在当代社会，鲁班精神依然熠熠生辉。国家大力倡导弘扬工匠精神，将其融入中国科技制造发展战略，在大国重器、大国工程的建造过程中，科研人员秉持鲁班的创新精神，突破了一个又一个“卡脖子”技术难关，取得了举世瞩目的成就。鲁班的故事走进了中小学教材；鲁班工坊在海外设立，推动了中国文化与技艺的国际传播；职业教育强化“德艺双修”培养模式，传承鲁班育人理念；现代企业将鲁班精神融入质量管理；公益领域的技术志愿者以鲁班为榜样，改善偏远地区的民生。

鲁班精神作为中国文化的重要符号，承载着中华民族的智慧、创造力和道德追求。在新时代，我们应深入挖掘和弘扬鲁班精神，将其融入科技创新、文化传承和社会发展的各个方面，为实现中华民族伟大复兴的中国梦提供强大的精神动力。

（二）鲁班精神的时代传承

鲁班是智慧与技艺的象征，他所留下的众多发明创造，不仅极大地推动了当时社会生产力的发展，更为后世留下了一种宝贵的精神财富——鲁班精神。历经两千余年的风雨洗礼，鲁班精神在时代的变迁中不断传承与发展，其内涵日益丰富，对当今社会的各个领域仍具有深远的启示和激励作用。在新时代背景下，深入探讨鲁班精神的时代传承，对于推动科技创新、提升产业竞争力、培育高素质人才以及塑造积极向上的社会风尚，都具有极为重要的现实意义。

1. 鲁班精神的内涵剖析

没有一流的心性，哪有一流的技术？鲁班文化的精髓在于专注、勤奋、坚韧。今人应从中体味鲁班巧技制胜、规矩立身、授业解惑、博施济众的精神，弘扬鲁班文化中“爱国敬业、自主创新、崇德守矩、执着专注、精益求精、一丝不苟、追求卓越”的精神，大力提升从业素养。儒学文化与巧匠文化的合璧，二者相映生辉，具有特别重要的意义。

（1）传承规矩：行业发展的基石

在古代工匠的世界里，规矩是技艺传承和行业发展的根本。从原材料的严格挑选到制作工艺的每一道工序，都遵循着明确且细致的标准。鲁班作为工匠群体中的杰出典范，对这些规矩怀有深深的敬畏之心，并将其完整地传承下去。例如，在建筑领域，木材的选用绝非随意为之。在木材选择方面，需挑选质地坚硬、能够承受重压，纹理直顺、确保加工后结构稳定，干燥程度合适、避免因湿度问题导致变形或腐朽的木材。只有符合这些严苛标准的木材，才会被用于建造房屋，从而保证建筑的坚固与耐用。这种对规矩的坚守，使得传统技艺在一代又一代工匠的手中得以延续，保持了其独特的工艺魅力和品质价值。它不仅是对前人经验的尊重，更是为行业的持续发展奠定了坚实的基础。

（2）创新创造：社会进步的核心动力

创新创造无疑是鲁班精神的核心。鲁班在长期的生产实践中，始终保持着敏锐的观察力和积极的思考态度。他善于从自然现象以及日常生活的需求中捕捉灵感，并将这些灵感转化为实际的创新成果。锯子的发明便是一个经典的例证。又如他发明的云梯，在当时的战争中发挥了巨大作用，为军事战略带来了新的变革。在现代社会，创新同样是推动科技进步、经济发展和社会变革的关键力量。企业只有不断投入研发，并创新产品和服务，才能在激烈的市场竞争中脱颖而出，占据一席之地；科研人员只有勇于突破传统思维的束缚，大胆探索未知领域，才能取得具有突破性的科研成果，为人类社会的发展贡献新的智慧和力量。

（3）专注钻研：成就卓越的关键路径

鲁班一生都全身心地投入到工艺制造领域，对每一项技艺都进行了深入细致的钻研，力求将其做到极致。在制作器具时，他甘愿耗费大量的时间和精力，精心打磨每一个细节。无论是看似简单的木工工具，还是复杂精妙的建筑结构，他都以高度专注的态度去对待，绝不放过任何一个可能影响质量的瑕疵。这种专注钻研的精神，使得他的作品不仅具备卓越的实用性，还蕴含着极高的艺术价值。在当今快节奏的社会环境中，专注钻研的精神显得尤为珍贵。在许多专业领域，正是那些专家学者凭借着专注钻研的精神，在自己的专业领域精耕细作，才推动了行业的不断发展和进步。以航空航天领域为例，科研人员为了设计和制造出性能卓越的飞行器，需要对飞行器的每一个部件、每一种材料、每一项技术都进行深入钻研。经过无数次的试验和改进，克服重重困难，才使得我国的航空航天事业取得了举世瞩目的成就，让中国的航天器能够在浩瀚的宇宙中自由翱翔。

（4）精益求精：极致的品质追求

鲁班对自己的作品有着近乎苛刻的要求，始终追求完美无缺的境界。他坚决不满足于“差不多”的状态，而是竭尽全力做到最好。在建筑施工过程中，对于每一块砖石的摆放位置、每一根木料的拼接方式，他都严格把关，确保整个建筑结构稳固、外观精美。这种精益求精的精神，充分体现了他对品质的执着追求。

在现代制造业中，精益求精的精神同样是不可或缺的。德国、日本等制造业强国，之所以能够在全球市场上赢得良好的声誉，很大程度上得益于他们对产品细节的高度关注和对卓越品质的不懈追求。我国的一些优秀企业，如华为、海尔、格力等，也深刻认识到精益求精的重要性，并通过不断践行这一精神，持续提升产品质量，跻身世界一流企业之列，树立起中国品牌的良好形象。

2. 鲁班精神在新时期的内涵拓展

在新时期的社会环境下，鲁班精神被赋予了更为丰富和深刻的内涵，主要体现在创新思维、实践能力、服务精神和职业品质四个方面。

创新思维要求人们敢于突破传统观念的束缚，以全新的视角去看待问题，提出具有创新性的解决方案。在当今快速发展的时代，科技日新月异，市场竞争日益激烈。只有具备创新思维，才能在复杂多变的环境中发现新的机遇，创造出独特的价值。例如，在互联网行业，许多创新型企业正是凭借着创新思维，打破了传统商业模式的限制，开发出了一系列具有创新性的产品和服务，如共享经济模式、短视频平台等，改变了人们的生活方式和消费习惯。

实践能力强调将理论知识转化为实际行动，通过实践来检验和完善创新成果。无论多么伟大的创新构想，如果不能通过实践加以实现，都只是空中楼阁。在教育领域，学校和老师越来越注重培养学生的实践能力，鼓励学生参与各类实践活动和项目，让他们在实践中锻炼自己的动手能力和解决实际问题的能力。在企业中，管理者也更加重视员工的实践经验和操作技能，通过开展各种培训和实践项目，提升员工的实际工作能力，确保企业能够将创新成果高效地转化为实际生产力。

服务精神要求人们在工作中始终以客户的需求为导向，提供优质的产品和服务，为社会创造价值。在市场经济条件下，客户是企业生存和发展的基础。只有满足客户的需求，为客户提供超出预期的价值，企业才能赢得客户的信任和支持，实现可持续发展。从产品的设计、生产到销售和售后服务的整个过程，都需要贯彻服务精神。例如，一些企业通过建立完善的客户反馈机制，及时了解客户的需求和意见，并据此对产品和服务进行优化和改进，从而不断提升客户满意度。

职业品质涵盖了敬业、诚信、负责等职业道德素养，是人们在职业生涯中取得成功的基础。敬业精神体现在对工作的热爱和全身心投入，认真对待每一项工作任务；诚信是指在工作中遵守职业道德规范，诚实守信，不欺诈、不隐瞒；负责则要求人们对自己的工作结果负责，勇于承担责任。一个具备良好职业品质的人，不仅能够在工作中取得优异的成绩，还能够赢得同事和社会的尊重。在各个行业中，职业品质都被视为衡量人才的重要标准之一。

3. 鲁班精神的时代传承路径

鲁班精神的传承可从教育、企业、社会三个层面展开。在教育领域，学校通过课程与活动设置，能培育创新人才，为学生打造良好的学习环境。在企业层面，管理者将企业文化与鲁班精神深度融合，能够为企业树立榜样、激发员工创新活力、提升产品质量，进而增强核心竞争力。在社会层面，国家和政府宣传推广鲁班精神，有助于营造崇尚工匠精神的良好风尚，借助文化活动与媒体传播，从而激发全社会对工匠精神的关注与学习热情，以促进形成尊重劳动创造的社会氛围，全方位推动社会发展与进步。

（1）教育领域：培育创新人才的摇篮

在教育领域，传承鲁班精神具有重要的战略意义。学校应将培养学生的创新思维和实践能力作为重要目标，通过优化课程设置和教学方法，为学生营造一个良好的学习环境。一方面，开设相关的手工制作、科技创新等课程，让学生在实践中亲身体验和感受鲁班精神的魅力。例如，组织学生参加机器人制作比赛、科技创新大赛等活动，激发学生的创新兴趣；开展泥瓦、木工、雕刻等非遗项目的体验与交流活动，提高学生的实践能力。在这些活动中，学生需要运用所学知识，设计、制作并调试各种作品。这一过程不仅能够提高他们的动手能力，还能够培养团队协作精神与创新思维能力。另一方面，学校邀请工匠大师走进校园，举办讲座和技艺展示活动。工匠大师们丰富的实践经验和精湛的技艺，能够让学生近距离接触和了解传统技艺，增强学生对鲁班精神的认同感和敬畏之心。通过与工匠大师的交流互动，学生能够深刻体会到专注钻研、精益求精等精神品质的重要性，从而在日常生活和学习中努力践行这些高贵品质。

（2）企业层面：提升竞争力的法宝

企业是经济发展的主体，将鲁班精神融入企业文化建设，对于提升企业核心竞争力具有至关重要的作用。企业可以通过树立榜样的方式，表彰那些在工作中具有创新精神、专注工作、追求卓越品质的员工，为全体员工树立学习的标杆。同时，企业还应积极鼓励员工开展技术创新和工艺改进活动，为员工搭建创新平台，提供必需的资源支持。例如，设立企业内部的创新奖项，对有突出创新成果的团队和个人给予物质与精神上的奖励，以此营造良好的创新氛围。在企业生产过程中，尤其要注重传承和发扬鲁班专注钻研和精益求精的精神，严格把控产品质量，不断提升产品品质。通过这种方式，企业能够生产出更具竞争力的产品，提供更优质的服务，从而赢得市场和客户的认可，实现可持续发展。

（3）社会层面：弘扬工匠精神的舞台

在社会层面，加强对鲁班精神的宣传和推广，有助于在全社会形成崇尚工匠精神的良好风尚。通过举办各类文化活动，如鲁班文化节、工匠精神论坛等，深入挖掘和弘扬鲁班精神的内涵和价值，提高社会对工匠精神的认知度和尊重度。在这些活动中，可以邀请专家学者、工匠大师等进行主题演讲和技艺展示，让更多的人了解鲁班精神的历史渊源和现实意义。媒体作为社会舆论的引导者，应充分发挥自身的传播优势，通过报道工匠的先进事迹，展示他们的精湛技艺和精神风貌，激发全社会对工匠精神的关注和学习热情。例如，可以通过制作专题纪录片、开设专栏报道等方式，让更多的人认识到工匠精神在推动社会发展中的重要作用，从而在全社会形成尊重劳动、尊重知识、尊重人才、尊重创造的良好氛围。

鲁班精神作为中华民族传统文化的瑰宝，蕴含着无尽的智慧和强大的精神力量。在新时代，传承和弘扬鲁班精神，对于推动科技创新、提升产品质量、促进社会发展具有不可估量的重要意义。我们应以鲁班为榜样，在各自的岗位上秉持创新创造、专注钻研、精益求精的精神，努力奋斗，积极进取。通过教育领域对创新人才的培养、企业层面将鲁班精神融入企业文化以提升竞争力以及社会层面弘扬工匠精神营造良好氛围等多方面共同努力，让鲁班精神在新时代焕发出更加耀眼的光芒，为实现中华民族伟大复兴的中国梦贡献我们每个人的智慧和力量。让我们携手共进，将鲁班精神这一宝贵的精神财富传承下去，创造更加美好的未来！

4. 鲁班精神的当代传承与呈现

在中国历史的长河中，鲁班精神代代相传，成为无数工匠的精神指引。从古代宏伟壮丽的宫殿建筑到巧夺天工的园林景观，从精美绝伦的传统手工艺品到复杂精密的大型工程，处处都闪耀着鲁班精神的光芒。无数工匠以鲁班为楷模，秉持着对技艺的敬畏之心，在各自的领域默默耕耘，不断推动着中国传统工艺的发展与进步。

在现代社会，鲁班精神依然焕发出强大的生命力。随着国家对制造业的高度重视，工匠精神被提升到前所未有的高度。在制造业领域，众多企业以鲁班精神为引领，加大研发投入，注重技术创新，不断提升产品质量与性能。例如，高铁制造业凭借着对技术的精益求精和勇于创新的精神，实现了从追赶到超越的华丽蜕变，中国高铁成为世界瞩目的“国家名片”。航空航天领域同样如此，科研人员和技术工人专注钻研，攻克了一个又一个技术难题，让中国的航天事业不断迈上新的高度。在传统手工艺行业，众多非遗传承人怀着对传统技艺的热爱，传承和发扬鲁班精神，通过创新设计理念和现代营销手段，让古老的手工艺重新焕发出活力，走进了现代生活。

（三）鲁班精神的世界影响

人类文明的发展离不开工匠精神，它宛如一座灯塔，照亮了后人前行的道路。作为中国工匠精神的杰出代表，鲁班精神历经数千年的岁月洗礼，不仅深深扎根于华夏大地，更以其独特的魅力和深远的影响力，跨越国界，在世界范围内发挥着积极而重要的作用。

1. 在海外设立鲁班工坊

在全球化的时代背景下，中国积极致力于推动职业教育走向世界，鲁班工坊应运而生。作为中国职业教育国际交流的重要平台，鲁班工坊以传播鲁班精神为核心，将中国先进的职业教育理念、教学模式、专业标准和教学资源带到世界各地。

2016 年，天津渤海职业技术学院在泰国大城技术学院建立的中国首个海外鲁班工坊落成。2018 年，在中非合作论坛北京峰会开幕式主旨讲话中，习近平主席承诺将在非洲设立 10 个鲁班工坊，为中非职业教育合作描绘宏伟蓝图。天津作为国家现代职业教育改革创新示范区，勇挑重担，积极推进鲁班工坊建设。截至 2024 年，中国已与全球 30 个国家合作共建了 34 个鲁班工坊，学历教育累计培养学生近万人，职业培训超过 3.1 万人次。鲁班工坊不仅是共建“一带一路”倡议深入推进的重要助推器，为共建“一带一路”国家提供了人才支撑，更是中国职业教育合作办学“走出去”的亮丽品牌，成为国际交流合作的一张“中国名片”，实现了职业教育从国内走向国际的重大跨越。

鲁班工坊的建设涵盖了多个领域，其专业设置与当地产业需求和经济发展特点紧密契合。在非洲，首个鲁班工坊一期开设了铁道运营管理、商贸等 4 个专业，为当地培养了大量急需的技术技能人才，为基础设施建设和经济贸易发展提供了有力的人力支持。如今，鲁班工坊开设的专业日益丰富，已涵盖自动化、工业机器人、云计算、新能源、铁道、动车组检修、汽车、机械、电子信息、通信、餐饮、物联网等众多领域，为蒙内铁路、亚吉铁路、匈塞铁路、中泰铁路、中老铁路等重大国际项目培养了大批适用性技术技能人才。

在教学模式上，鲁班工坊注重实践教学，强调培养学生的动手能力和创新思维。通过引入先进的实训设备和模拟工作场景，学生在实践中学习，在学习中实践，真正掌握实用的技术技能。同时，鲁班工坊还积极开展国际交流与合作，邀请国内外专家学者进行讲学和指导，组织学生参加国际技能竞赛，拓宽学生的国际视野，提升其国际竞争力。

在泰国，鲁班工坊除了为泰国师生提供学习训练外，还对东盟国家职业院校师生开放，目前已累计交流培训学生8000余人次。2021年10月，由国内外职业教育领域知名专家组成的评估组对泰国鲁班工坊的建设运营情况进行全面评估，结论显示其开创了中国职教标准、职教装备、职教方案走出去的新模式。在英国，鲁班工坊开设的“中餐烹饪技术”学历教育已被纳入英国国家资历框架，课程得到英国政府财政支持，可供16岁到19岁的英国及欧盟学生免费学习，这不仅传播了中国的烹饪文化，也为中英职业教育交流合作搭建了新的桥梁。

2. 鲁班精神对世界的影响

鲁班精神所倡导的创新创造和精益求精的理念，为世界各国的技术进步注入了强大动力。鲁班工坊培养的技术技能人才，将所学的先进技术和工艺应用到当地的生产实践中，推动了相关产业的升级与发展。在一些发展中国家，通过鲁班工坊学习到的先进制造业技术，帮助当地企业提高了生产效率和产品质量，增强了市场竞争力。例如，在非洲部分国家，鲁班工坊培养的机械制造专业人才，为当地的制造业企业解决了技术难题，推动了制造业从传统模式向现代化模式的转变。在“一带一路”倡议的共建国家，鲁班工坊培养的铁路、通信等领域的专业人才，为基础设施建设提供了有力的人才保障，促进了当地交通、通信等产业的发展。

鲁班工坊的建设为世界职业教育的交流与合作提供了广阔的平台。中国先进的职业教育理念和教学模式，通过鲁班工坊传播到世界各地，为其他国家的职业教育改革与发展提供了有益的借鉴。同时，鲁班工坊也积极吸收国外先进的职业教育经验，不断完善自身的教育教学体系。各国职业院校和企业通过鲁班工坊开展合作交流，共同开展人才培养、课程开发、实训基地建设等项目，促进了职业教育资源的共享与优化配置。例如，在葡萄牙，鲁班工坊与当地职业院校开展合作，共同开发了符合当地产业需求的课程体系，培养了一批既掌握中国先进技术又熟悉当地市场需求的技术技能人才。这种国际职业教育交流与合作，有助于提升全球职业教育的整体水平，培养更多适应经济全球化发展的高素质技术技能人才。

鲁班精神作为中华优秀传统文化的重要组成部分，通过鲁班工坊等载体传播到世界各国，成为中外文化交流的重要桥梁。在传授技术技能的同时，鲁班工坊也注重传播中国的文化价值观，如诚信、

葡萄牙鲁班工坊师生来曲阜参加寻根拜祖活动

友善、勤劳、创新等。学生们在学习技术的过程中，潜移默化地了解和接受中国文化，增进了对中国的认知与理解。例如，在鲁班工坊开设的中国传统文化课程中，学生们学习中国的书法、绘画、剪纸等传统艺术，感受中国文化的博大精深。同时，外国文化也通过鲁班工坊等渠道传入中国，促进了中外文化的交流与融合。这种文化交流不仅丰富了人们的精神生活，也有助于消除文化隔阂，增进各国人民之间的友谊与信任，为构建人类命运共同体奠定坚实的人文基础。

3. 鲁班精神对世界影响的展望

在经济全球化的深入发展和科技飞速进步的新时代背景下，鲁班精神的传承与发展被赋予了更深远的时代使命。展望未来，鲁班精神将在更广泛的领域和更深层次上发挥其世界影响力。

在科技创新领域，鲁班精神所倡导的创新创造和专注钻研，将激励更多的科研人员和技术工作者去探索那未知的科技疆域，全力攻克关键核心技术。随着人工智能、大数据、区块链等新兴技术的不断涌现，各国在科技领域的竞争日益激烈，合作也更加紧密。鲁班精神所蕴含的创新思维和实践能力，将成为各国在科技领域加强交流与合作的有力纽带，共同推动人类科技的进步。例如，在新能源汽车领域，中国企业凭借着对技术精益求精的追求和不断创新的精神，在电池技术、自动驾驶技术等方面取得了显著成果。它们积极与国际企业开展合作与交流，将这些先进技术推广到全球各地，为解决全球能源危机和交通难题提供了中国方案。

在文化交流方面，鲁班精神将继续发挥其独特魅力，促进中外文化的深度交流与融合。随着“一带一路”倡议的持续推进，越来越多的中国文化元素将走向世界。鲁班精神，作为中国工匠精神的杰出代表，必将成为中国文化对外传播的重要品牌。我们通过举办各类文化活动、艺术展览与学术交流，让世界各国人民更加深入地了解鲁班精神的内涵和价值，感受中国文化的独特魅力。同时，我们也积极吸收世界各国优秀的文化成果，不断丰富和发展鲁班精神的内涵，使其在新时代焕发出更加耀眼的光芒。

在可持续发展领域，鲁班代表的精益求精、创新传承精神，将为全球可持续发展目标的实现提供有力支撑。在建筑业、制造业等领域，以鲁班精神为指引，倡导绿色环保、节能减排的理念，推动企业采用更加环保、高效的生产技术和工艺，实现经济发展与环境保护的良性互动。例如，在建筑行业，可推广绿色建筑技术体系，注重建筑材料的循环利用和能源的高效利用，打造可持续发展的建筑环境。通过鲁班工坊等平台，将中国的可持续发展理念、技术标准与实践经验传播到世界各地，促进全球可持续发展事业的发展。

鲁班精神，作为中国传统文化的瑰宝，正以其独特的魅力和强大的生命力，在世界舞台上发挥着越来越重要的作用。从古代工匠技艺的传承到现代职业教育的输出，从国内制造业的发展到国际技术的交流与合作，鲁班精神始终引领着中国走向世界，也推动着世界各国共同进步。在新时代的征程中，我们应继续传承和弘扬鲁班精神，不断拓展其世界影响力，为构建人类命运共同体贡献中国智慧和中国力量。

附录一：鲁班传说汇编

鲁班，作为中国古代建筑和木工领域的传奇人物，其故事在民间广为流传，承载着人们对智慧、技艺的尊崇与向往。这些传说跨越地域，涵盖了众多建筑奇迹，展现了鲁班的非凡才能与神奇力量。

曲阜的鲁班传说选录

（1）鲁班爷显灵助建奎文阁

在曲阜，“鲁班爷显灵”的故事家喻户晓。宋真宗天禧年间，修建孔庙奎文阁（曲阜人称之为书楼）时，工匠们忙碌于工地。一日，来了位怪异老翁，他对着一截木桩左画右画，画满道道却不言语，画完便离去。工头恼怒地踢了木桩，木桩竟“哗啦”裂开——全是木楔子。此时，工匠们才惊觉是鲁班爷显灵。众人赶忙追赶，追到东城门外，老翁顺护城河向北一拐便消失不见了。而鲁班爷画的木楔子，不多不少，恰好全用在了奎文阁的建筑上。后来，为纪念这件事，人们在鲁班爷消失处建了鲁班庙。还有另一版本，讲的是奎文阁建成拆架后，上层飞檐多出一截木头，众人正发愁。此时鲁班下凡，以飞斧砍掉多余木头，随后消失，工匠们追至城东门外不见其踪影，遂在此重建鲁班庙，即“工师庙”，榜曰“艺圣庙”。

（2）鲁班找设计师

孔庙大成殿前的书楼，即奎文阁，遭雷击化为灰烬，因其结构复杂，须高明匠师绘制图纸并领工才能重建。官府四处寻觅，却只找到工匠，始终未寻到合适的匠师，工程因此停滞。鲁班得知后，来到曲阜城东的王秀才家。王秀才出身木匠家庭，虽考取秀才却未入仕途，生活穷困窘迫，家中房屋甚至连门都没有。这天王秀才外出，鲁班向其媳妇表示要用院子里的碎木渣做门，秀才媳妇不信。鲁班朝碎木渣吐唾沫并用木棍搅拌，使其黏成木板，做好门后又在门上画图，告知秀才媳妇，等王秀才回来，让他带着门上的图去书楼工地，门上的图便是建书楼的图纸。晚上王秀才回家，竟因家中房屋安装了门而不敢相认。得知事情经过后，王秀才意识到是鲁班爷显灵，连忙点香敬拜。后来，王秀才成为重建书楼的领工。

（3）鲁班运碑解“万人愁”

宋真宗崇尚道教，认定黄帝和少昊为中华民族的原始祖先，黄帝生于曲阜城东寿丘，少昊陵墓也在曲阜。宋真宗封禅泰山后驾临曲阜祭祀，将曲阜县改名为仙源县，并迁移曲阜城，在寿丘边建造景灵宫和太极殿。建景灵宫时，要在寿丘前立四通大石碑，石碑巨大无比，用的石头开采于城东三十里的管勾山。石碑雕凿好后，运输却成了难题，众人想尽办法都无法移动，监工大臣和工匠们既发愁又害怕，不少人愁白了头，因此给石碑取名“万人愁”。冬天，工头在山边转悠，在小河边看到冰面上石头滑动的情景，正思索时，一位老翁出现，通过扔石头展示石头在冰上滑动的现象，并提醒工头想办法。工头瞬间明白，认定老翁是鲁班爷。于是，工匠们在路上泼水结冰，用圆木辅助，历经三个冬天，终于将石碑运到寿丘。

（4）鲁班造飞鸟

鲁班带着徒弟们外出干活，离家渐远且时间长久，徒弟们思念家人，鲁班也挂念家中双亲和妻儿。鲁班的妻子虽在公婆面前强装无事，但长期独守空房，不免思念丈夫，面色憔悴。然而，一段时间后，她的脸色却逐渐变好且肚子渐渐变大，引起公婆的怀疑。原来，鲁班为回家与妻子团聚，造出一只大木鸟，头上安有机关，按三下可腾空而起，每月初一二更起飞，三更到家，四更返回。鲁班多次乘木鸟回家，却因妻子怀孕而暴露了秘密。初一晚上，鲁班父母躲在屋内等待，亲眼看到鲁班乘木鸟归来。鲁班父亲好奇，爬上木鸟，却误按机关，被木鸟驮着飞到江南吴国都城外。守城士兵将其捆绑后上告国君，国君下令杀死鲁班的父亲并烧毁木鸟。鲁班得知后，制造木仙人并使其举手指向东南，致使吴国三年不下雨。直到吴国国君谢罪，鲁班才斩断木仙人的一条手臂，使吴国恢复降雨，此后吴国人定时朝拜木仙。

各地的鲁班传说选录

（1）瘸腿老人显神通建庆隆寺

鲁班学成后四海为家，所到之处留下诸多工艺精巧的建筑及传说。如北京故宫角楼、赵州大石桥等。以江西庆隆寺为例，建寺时名师巧匠会聚，工程起初顺利，但上梁时出现问题，木料尺寸在地上测量分毫不差，可一上梁就横竖都过长，不合缝。工匠们从早到晚反复尝试，却毫无办法。此时，一个瘸腿老人背着生锈破锯，拿着豁口斧头出现。老人提出要帮忙，却遭众人嘲笑。晚上，一个小徒弟可怜老人，给他端来饭菜，接着为他打水洗脚，和他一起睡下。半夜，老人摇醒小徒弟，在月光下，老人的烂锯和锈斧发出耀眼的光芒。他用斧子在柱头上连敲三下，又将锯放在大梁正中，随后大喝一声，大梁、柱头及斗拱构件纷纷立起，各归其位，严丝合缝。小徒弟认出老人是鲁班仙师，鲁班留下斧子和锯后便消失了。第二天，领工看到工程得以完美完成，惊叹不已。小徒弟谨遵鲁班的叮嘱，未将此事外传，直到他技艺超过其他名师巧匠，才将奇遇告知徒弟，故事由此流传。

（2）“土拥脖”浇铸铁菩萨

聊城东阿县有一尊巨大的铁菩萨，手掌能睡两人，耳朵眼儿可钻进人。这尊菩萨全身由生铁浇铸而成，轰动一时。浇铸时，铁菩萨越铸越高，架子也越搭越高，当铸到肩膀处时，熔化的铁水端上去就凉了，工程陷入困境。工头几天都想不出办法。夜里，工头梦到一位老翁说“土拥脖、土拥脖”。第二天，工头突然领悟，这是祖师鲁班托的梦。他立即招呼工匠们运土，围着铁菩萨堆土至与肩膀齐平，然后在土堆上支锅生火化铁。众人这才明白工头的意图，纷纷询问他是如何想到办法的，工头告知是鲁班托的梦。最终，铁菩萨得以顺利浇铸。

（3）鲁班兄妹比赛造赵州桥

赵州桥坐落在河北省赵县(古称赵州)洨河上，全部用石料建成，当地称“大石桥”。传说，赵州桥由鲁班建造，赵县还曾建有鲁班庙。当地流传的民谣《小放牛》唱道：“赵州桥来什么人修？玉石栏杆什么人留？什么人骑驴桥上走？什么人推车轧了一道沟？赵州桥来鲁班爷修，玉石栏杆圣人留。张果老骑驴桥上走，柴王爷推车轧了一道沟。”还有传说，洨河曾保佑赵州五谷丰登，但后来不是缺水就是发洪水，特别是汛期时，洨河水深浪急，百姓为过河发愁，甚至有人被淹死。鲁班和妹妹鲁姜路过赵州，看到百姓陷入困境，决定建桥。鲁班带领百姓准备木料，先做了榆木模型才动工。然而，桥两次在快建成时被冲走。鲁班思索后，决定用石头建桥。鲁姜提出与哥哥比试，各自在城南和城西建桥，从晚饭后开始，鸡叫前收工，未完成者算败。半夜，鲁姜在城西建成单孔石桥，来到城南想看哥哥进度，却见鲁班赶着“羊群”（实为大青石头）到河边。鲁班施展神力，让彩虹落到洨河上，把石头变成羊飞上彩虹，组成了一座石桥。鲁班还在桥拱两肩各开了两个小孔。鲁姜为赢过哥哥，在自己建的桥上雕花刻景，随后学起了鸡叫，引得全城公鸡一齐鸣叫。鲁班听到鸡叫后，迅速收工。就这样，两座石桥一夜间全都圆满竣工。百姓看到石桥后惊叹不已。从此，鲁班兄妹一夜修两座桥的事传开了。哥哥建的桥被称为大石桥，坚固气派；妹妹修的桥被称为小石桥，小巧美观，也有人称姊妹桥。后来大石桥又有新名，叫安济桥，外地人多称赵州桥；妹妹的小石桥因雕花精美，常常被姑娘们在绣花时提及。

（4）鲁班助力建造光岳楼

光岳楼建于明洪武七年（1374），是聊城的象征，也是现存明代楼阁中最大的一座，享有“虽黄鹤、岳阳亦当望拜”之誉。传说，明洪武七年，东昌守御平山卫指挥佥事陈镛，计划用筑城剩余材料在城中心建楼阁，要求基座有十字拱门通道，上部为四层全木结构，外加围廊，不准用铁钉，限期一年完工。工匠们建起青砖底座后，却因拿不出满意的图样，导致工程停滞。此时，木场废料堆旁出现一位老翁，他身边放着用杂木条搭扣的精巧楼阁模型，正是众人想建的楼阁雏形。众人惊喜，老翁却消失不见。有了模型，工程得以继续，可施工中发现一根大木柱有严重糠洞，无法使用，从外地采购又困难重重。这时老翁再次出现，让工头准备锯末、芦席、水胶。第二天，工料场出现用芦席卷着的圆柱形物体，正是所需立柱，尺寸合适且坚实如木。楼盖好后，没过多久木头松动，老翁又砍了一堆木楔子，用手一指，楔子全部飞进榫眼，稳固了高楼。老翁还在西北角用锈斧头塞进楼基条石下，矫正了楼身的倾斜。最后，当楼最高层西北角正檐下露出半拃长椽头时，老翁将利斧扔出，砍齐椽头。随后，老翁消失了。人们纷纷议论，认定老翁是鲁班祖师显灵。

（5）鲁班溪与鲁班桥的由来

重庆万州区武陵场镇北岸的第一条小溪叫鲁班溪，长约十里，溪上架有两座鲁班桥。下游的鲁班桥原是小石桥，后被大水冲垮，石工们在动工重建时，忽见一只白鹤由东向西飞过，众人欢呼："鲁班师祖来了！"接着，白鹤变成一张纸落下，落在一位姓鲁的掌墨师傅眼前。鲁师傅展开纸，见上面绘有石桥图样，精美完整。他惊喜万分，马上吩咐工匠开工，仅半月就修好了石桥。竣工时，他请来吹鼓手，供奉鲁班雕像，焚香祭拜，将桥命名为"鲁班桥"。后来，乡民在小溪上游兴建石桥，取名"上鲁班桥"，这条溪流也被命名为"鲁班溪"，原来的桥改称"下鲁班桥"。多年来，鲁班桥坚固耐用，为百姓出行带来便利。

（6）龙山大庙的建造传说

云南玉溪坝子以西的双凤村，隶属于大营街常里，村中有古刹龙山大庙，又称无量寺。传说鲁班仙师奉玉帝之命南行传艺，与家人来到双凤村，在大青树下歇脚时，发现此地为"龙穴凤巢"。鲁班想在此建庙宇保一方安康，奏请玉帝获批，但玉帝要求鲁班一夜建成此庙。夜晚，鲁班念咒语，调用耕牛八百、神匠三千，众人平地、运料、砌石，现场一片忙碌景象。不到两个时辰，房子拔地而起，初具规模。半夜，鲁班妻子被嘈杂声惊醒，看到鲁班忙碌，想让他休息。于是她拿起簸箕学公鸡叫，周围的鸡也跟着叫起来。此时，寺庙的建造就差一根房梁。情急之下，鲁班解下腰带，将它变成房梁，完成了最后一间房子的建造。此时，天还未亮。鲁班得知是妻子所为，便在墙上写下“此寺本无梁，要盖满山冈。恨妻泄天机，计穷就收场”，落款是鲁班。第二天，人们看到寺庙和题诗，恍然大悟，取“功德无量”之意，将“无梁”改为“无量”，自此有了无量寺。当地村民口口相传，都说雷神殿中的屋梁就是当年由鲁班腰带变成的。虽然这传说的真实性难考，但成了人们谈论无量寺的一段佳话。

鲁班的发明传说概述

有关鲁班创造发明的传说，在史籍中多有记载，不过这些记载通常极为简洁，往往只是径直叙述某样东西是鲁班所发明的。而在民间传说里，鲁班的形象却被活灵活现地凸显出来。创作者凭借丰富的想象力，借由跌宕起伏的故事情节，将鲁班创造发明的过程栩栩如生地展现出来，极具艺术感染力。在这些传说中，我们能看到鲁班在劳动实践中的不懈努力，他动手又动脑，反复思索，不断攻克重重难关，所以他的艺术形象生动鲜活。

“意外巧促‘世上第一把铁锯’诞生”“顺手‘牵’块圆石 巧成造碾来源”“偶遇老黄牛 巧变石磨灵感”等传说（详见晨凝：《民间传说 | 生活制造了“麻烦” 巧匠却能一一化解——鲁班传说》，文旅中国网，2020 年 11 月 1 日，https://www.ccmapp.cn/ccmapp3.0/index.html#/shareDetail?action=opendetail%3Brichtext%3Bc8f08c9a-2906-4631-965b-b879b1656bee&terminalid=undefined），讲述了在劳动中，因工具落后致使工作效率低下，鲁班一心想要解决

这一难题，却一直苦寻不到良策。直到在生活中遇到困难，从中获得灵感，进而发明了各种工具。这类传说都传达出一个道理：发明创造源于实际生活，需要留意观察，用心用脑，大胆尝试，绝不能凭空想象。

在“墨斗与班母”“杵臼成磨”“‘加盐’与‘加檐’”“鞋与船”（孔祥金主编:《鲁班传说》，大众文艺出版社 2008 年出版，第 49、56、62、68 页）等传说中，鲁班则是从他人处获得启发，从而完成创造的。鲁班的传说里，母亲与妻子的形象时常出现。每当鲁班遭遇困难、百思不得其解时，母亲或妻子往往会在不经意间登场，她们的一句话、一个动作，就能让苦思冥想的鲁班茅塞顿开。日常生活的细节中常常暗藏着非凡的智慧，能否发现它，关键在于是否留心观察与思考。而鲁班家人的参与，为传说增添了浓厚的亲和力，使其洋溢着生活气息以及创造带来的喜悦，更具吸引力。

还有一类传说，其创造发明成果带有一定的神话色彩，“鲁班造飞鸟”便是这类传说的典型。“鲁妹造伞”“鲁班兄妹比赛造赵州桥”“故宫角楼的故事”等传说将历史上已有的发明功绩归到鲁班身上。这体现了行业文化的典型特征,行业祖师成了“箭垛式”人物，人们把所有功绩都集中于其身上，以此彰显本行业的神圣性，进而让从业者产生自豪感。在这些传说中，鲁妹很好地衬托出鲁班平易近人、性格和善、易于沟通的形象。兄妹二人性格形成鲜明对比，鲁妹娇嗔可爱，鲁班宽厚包容，加之各自展现的高超技艺，读来趣味十足。这些传说叙述技巧娴熟、从容，有着颇高的艺术价值。“故宫角楼的故事”讲述了当匠人遇到困难时，鲁班以普通人的身份现身，用一个蝈蝈笼子给工匠启示，解决了施工难题。这也是诸多鲁班传说的共同主题，通过这些传说塑造了鲁班扶危济困的道德形象。“土堆亭”和“鱼抬梁”亦是如此。这类传说在全国各地广泛流传，虽各地表述方式各异，但核心都是颂扬鲁班高尚的道德品质，寄托人们的道德理想。

鲁班的发明传说选录

（1）意外巧促“世上第一把铁锯”诞生

在战国时期，鲁国国君限期建造一座豪华的宫殿，大臣遂命令著名匠师鲁班负责督造。鲁班将徒弟分为两组，一组负责准备石料，一组负责准备木料。准备石料的一组工作进展得颇为顺利，一批批石料源源不断运下山来。然而，准备木料的一组却进展缓慢，严重影响了施工进度。当时，在山林中伐木依靠斧子一下一下地砍，一个人往往耗费半天时间也难以伐倒一棵大树。鲁班为此心急如焚。

一天上午，鲁班领着四五个经验老到的匠人，背着沉甸甸的工具往鲁国南境的九龙山一带伐木。行至半山腰处，鲁班脚下倏然一滑，整个人顿时失去平衡，眼看就要滚落陡坡。千钧一发之际，他本能地抓住一丛锯齿状的野草，待踉跄着稳住身体后，钻心的刺痛自掌心传来。鲁班摊开掌心一看，几道细密的小血口在布满老茧的掌纹间蜿蜒。他心中愕然：这寻常草叶竟能破开自己布满老茧的粗粝手掌？他仔细看看手掌，又仔细观察草叶，只见草叶边缘密布着两排如同牙齿般排列整齐的小刺。

这时，旁边的徒弟说道：“师父，我的手也被这种草划破过！”鲁班见徒弟手上的旧伤口与自己的相似，便小心翼翼地拔起这棵草，兴奋地喊道:“没想到这小小的齿儿竟能轻易划裂皮肉，倘若在竹片或铁片上制造出一个个并排的小齿，不就可以用来伐木了吗？这样伐木定能事半功倍！”

回到家中，鲁班先是用坚韧的竹片进行尝试，而后改用更加锋利的铁片，经过反复试验，制作了一把齿状铁片。传说，这是世上第一把铁锯。在其他版本的传说故事中，这第一把铁锯条还是鲁班与太上老君座下的铁拐李共同发明的。铁拐李“嘴当风箱手当钳，就着膝盖砸三年”。自从鲁班送给他风箱、石头錾子和带柄的铁锤这三件工具后，铁拐李打铁愈发卖力，还边打边唱:“往日你烧我一层皮，今日我剥你千层衣。”不到一顿饭的工夫，二人便打造出世界上第一条耐用的铁锯条。此后，鲁班又对伐木锯进行改良，用木框固定锯条，使伐木、破木变得更为便捷、高效。使用锯子伐木后，工作效率大大提高，鲁班提前完成了宫殿建设任务，受到鲁国国君的嘉奖，传为千古佳话。

（2）顺手“牵”块圆石 巧成造碾来源

鲁班不仅是木工行业的始祖，也是石工行业的奠基者。在尚未发明碾、磨之前，鲁班也曾从事凿臼打碓的工作。有一天，鲁班外出干活归来，看见妻子云氏正在大门口用石碓头一下一下地舂粮食。鲁班从妻子手中接过碓头，用力地舂起来。然而，他发现用力过猛时，粮食容易往外迸溅；用力过小，又难以将粮食捣碎成面。他抚摸着磨得光滑的碓头把，看着同样光滑的碓窝子，心中暗自思忖，不能再这样日复一日地沿用这种笨重、低效的方法了。

第二天清晨，鲁班径直前往东南山窝的管勾山石堂。到达时，几个石匠已经开始劳作，正在打造碓头窝。他招呼附近的七八个石匠兄弟围拢过来，一同商议如何改变多年来舂米成面这种烦琐低效的老办法。众人各抒己见，正犯愁之际，鲁班无意中摸起一块圆形石头，把它摁在石板上来回滚动。忽然，他发现石板上的沙砾都被碾成了粉末，不禁脱口而出："咱们能不能打造一个石磙，让它在大石盘上来回碾轧粮食呢？"大家听后，齐声叫好："这真是个好主意！"

于是，石匠们分工合作，有的加工石磙，有的打磨石盘。不到一天的时间，石磙便架在了石盘上，碾就此诞生。正所谓"鱼生鱼，碾生碾"，第一代碾是通过手动推拉的方式在固定轨道上来回移动的，即所谓的"石槽子碾"。后来，鲁班尝试让毛驴拉碾，碾也因此不断得到改进，第二代碾便兼具人力和牲畜推动功能，称为"转盘子碾"。

鲁班将打造好的石碾放置在村庄街口，方便村民随时使用。石碾的发明，显著提高了粮食粉碎的效率，减轻了百姓的劳动强度，石碾旁也成为乡亲们聚会的场所。鲁班家门口的石臼碓换成石碾后，吸引了更多的乡亲前来聚会。

（3）偶遇老黄牛 巧得石磨灵感

传说鲁班发明石碾这一精妙工具后，虽较之往昔的臼碓，在碾磨谷物时省却气力、倍增效率，却仍难应对修筑长城的众多工匠对面粉的庞大需求。这日午后，鲁班正于工寮外的槐树下踱步思忖，忽见一头卸了犁轭的老黄牛正静卧歇晌，它的上唇与下颚正有节奏地开合研磨，反刍出满口的乳白色浆沫。

鲁班顿时灵感闪现，走到老牛跟前，仔细观察牛嘴，并自言自语道："要是能打造一个'石制大嘴'，再刻上两排'石制牙齿'，不就能像黄牛一样，将坚硬的食物咀成粉末、榨出汁沫来吗？”

很快，鲁班便将这一想法付诸实践。他在鲁国东南山窝石堂挑选大型石板作为磨盘，选取两块中等石板作为磨的上下扇，将它们都打磨成扁圆形，并在磨的上下扇结合处刻出磨齿，上下扇合在一起，宛如一个石制大嘴。磨心处，下边凸起的部分称为磨栓，上边凹陷的卯眼叫作磨脐，在上下扇靠近磨心处各凿有两个对称的圆孔，分别用于添加粮食和水。上扇围绕磨心转动，粮食进入磨膛后被粉碎，变成均匀的沫子。

鲁班的妻子云氏将粮食用水浸泡后再上磨，磨出的粉末更加细腻均匀，再用鏊子摊制煎饼，香飘四溢，十分美味。此磨据构造差异可分为两种形制：水磨者，其磨盘厚实，中央设有双孔，便于水流驱动；旱磨者，磨盘轻薄，专事干式研磨。旱磨无须加水，所出的小麦粉再经过细罗筛滤，即成精面。以此精面和水揉制，经反复揉搓可塑成松软蒸馍，巧手拍压则能制成酥脆面饼，利刃切削化作银丝细面，巧手包裹便为月牙水饺。磨这一发明迅速在鲁国传播开来，继而传遍战国时期的诸侯各国。

（4）墨斗与班母

在操持木工活计时，鲁班屡屡受挫于木料的取直工序。这项工作不仅让徒弟们望而生畏，即便是技艺高超的鲁班，有时也会在这个问题上犯难，这让人十分苦恼。

一天，鲁班在院子里干活，母亲在屋里裁剪衣服、做针线活。鲁班正琢磨着如何修正锯偏了的木料，不经意间抬头，看见母亲和妻子正拿起裁剪衣服用的粉线布袋，两人各执一端。只见母亲捏住粉线，轻轻提起来一抖，布料上便留下一道清晰的记号线。随后，母亲拿起剪子，沿着粉线裁剪起来。

鲁班看得入了迷，愣在原地。经过一段时间的沉思，他似乎有所领悟。只见他转身走进屋里，拿起母亲用的粉线布袋，将线拉过来，拽过去，不断观察思考。他拿着粉袋在木料上比画着，然而，粉线在木料上留下的痕迹并不清晰。此时，鲁班转念一想：为何不用墨汁代替石粉呢？于是，他用木盒子替代了布袋，用墨汁替换了石粉，成功造出了历史上第一个墨斗。

有了墨斗之后，破木料时取直不再是问题。但每当弹线的时候，鲁班都需要请母亲帮忙，让母亲捏住线头，协助他拽直墨线。

有一次，鲁班弹线时，母亲正忙着做家务，无法抽身。于是，母亲将墨线拴在一个钩子上，然后把钩子挂在木料上，便又去忙自己的事情了。如此一来，鲁班便能独自弹线了，既方便又省力。

后世的木匠为了纪念祖师鲁班的母亲，便将这个小钩称为“班母”，尊称为“母智”。

（5）鲁妹造伞

从前，巧匠鲁班久慕西湖盛名，便带着妹妹从齐鲁之地前往吴越之地游玩。行至湖畔，只见太阳光芒闪耀，湖水波光粼粼，白堤上桃花嫣红，苏堤边杨柳翠绿，恍若丹青圣手挥毫泼就的水墨长卷。他们信步漫游，不知不觉来到了“柳浪闻莺”（“西湖十景”之一）。

忽然，一阵大风刮过，天色瞬间大变，湖中泛起白浪，牛毛细雨飘洒而下。鲁班和鲁妹只好躲在一棵大树下避雨。西湖的雨景固然美丽，但雨水将两人浇得浑身湿透，他们再也无心欣赏这美景了。

鲁妹看着被淋成落汤鸡的哥哥，笑呵呵地说：“哥哥呀，你手艺如此精巧，可今日碰上这下雨天游湖，竟也束手无策！我想与你比试比试，我们各自造个东西，有了它，即便下雨天也能出门游湖，看看谁的办法更好。”

鲁班一听妹妹提议比赛，差点笑出声来，漫不经心地说：“好吧，比就比！不过得定个时间，我说以三天为期，如何？”

鲁妹听后连连摇头。

鲁班问道：“那你说要多久？不够的话可以再加。”

鲁妹说：“就今晚一夜，到鸡叫为止。”

鲁班哈哈大笑道：“好，都依你。”

当夜，两人便各自忙碌起来。

鲁班找来一些木头，将其刨得非常光滑，又精心雕上各种花样。他在西湖边立起四根红彤彤的柱子，盖上顶，顶边还有四个翘耸耸的角，挂上四只叮当作响的铜铃，造出了第一座四角亭子。他在亭子里四处打量，心中暗自得意：这下好了，有了这青瓦盖顶、四面透光的亭子，哪怕雨下得再大，坐在亭子里也能悠然欣赏西湖景致了！

鲁班造好亭子后，回到屋里，瞧了瞧妹妹的房间，里面毫无动静。他又急忙赶到西湖边，立起六根红彤彤的柱子，盖上顶，顶边有六个翘耸耸的角，挂上六只叮当作响的铜铃，造了第二座六角亭子。

回去后，鲁班再次看向妹妹的屋子，依旧没有动静。于是，他又去西湖边立起八根红彤彤的柱子，盖上顶，顶边有八个翘耸耸的角，挂上八只叮当作响的铜铃，造了第三座八角亭子。之后，他又接连造了第四座、第五座、第六座……一口气造了九座式样各异的亭子。

正当鲁班开始建造第十座亭子时，鲁妹偷偷跑了出来。她看到哥哥已在西湖边造起了九座亭子，此刻正笑嘻嘻地建造第十座亭子。鲁妹见状，偷偷学了一声鸡叫。

鲁班刚把第十座亭子的三个翘耸耸的角造好，听到鸡叫，以为天亮了，便停下了手中的活。这便是西湖三潭印月九曲桥上留存的三角亭。

“喔！喔！喔！”过了一会儿，鸡真的啼叫了，随后天亮了。在朝霞的映照下，红色的亭子显得格外美丽。鲁班得意扬扬地坐在亭子里，看着自己一夜之间建造起来的十座亭子，心想自己造得又快又好，妹妹这次肯定输了。

忽然，他眼前一亮，仿佛有一只孔雀迎面飞来。定睛一看，原来是妹妹走过来。她将手中的东西向上一撑，只见那东西瞬间变得像亭子顶一样，四周有三十二个翘耸耸的角，每个角下面挂着黄澄澄的绸须，顶子上遮着一块彩色绸子，绣着凤凰牡丹图，顶下还有一根柱子。

鲁班好奇地从妹妹手里接过这个东西，端详起来。鲁班看到这个东西是用山上的竹子制成的，有三十二根长竹条和三十二根短竹条，长竹条与短竹条之间装有灵活的插销，用时一张就散开，不用时一收就缩拢，既轻巧玲珑，又美观实用。

鲁妹笑着对鲁班说：“哥哥，你花费一夜工夫造了十座亭子，我一夜工夫只造了这‘半个亭子’，但这‘半个亭子’却能抵得上千千万万个亭子。下雨天，你只能坐在亭子里看西湖景致，而我撑着这‘半个亭子’，能自由自在地游览整个西湖美景。”

鲁班越看越觉得有趣，笑着说：“好妹妹，你的心思比我巧，手艺比我妙！”

鲁妹说:“哥哥，不是的，你的手艺当然比我高！你造的十座式样不同的亭子，不也把西湖装点得更加美丽了吗？我不过是受到你的启发，才造出了这‘半个亭子’。”

从此，鲁班越发尊重妹妹，遇事都会与她商量。据说，鲁班造的那些亭子，后来成为“西湖十景”中的部分景观。

鲁妹造的这“半个亭子”，因为在下雨天撑开后可以散开，起初大家称它为“散雨”。后来,有个喜欢造字的人,依照这“半个亭子”的样子，造出了一个“伞”字。人们看后觉得十分形象，又因伞通常在下雨天使用,便都开始使用“雨伞”这个词,久而久之,“散雨”这一称呼便被大家遗忘了。这便是西湖绸伞有趣的来历。

（6）“加盐”与“加檐”

鲁班以其精湛的房屋建造技艺名声大噪，一传十,十传百,百传千,千传万。无论远近，只要有人想要盖房子、建亭台楼阁，都会想到请鲁班帮忙设计和施工。后来，连王城里的君主都听闻鲁班是一位技艺绝伦的工匠。

这一年，君主要建造一座金銮殿，亲自下旨，命鲁班前来设计建造，并要求将金銮殿建成全天下最壮观、最豪华的宫殿。

鲁班奉旨而来，按照君主的要求，精心设计好图纸，带领工匠们日夜赶工。一座雄伟的宫殿逐渐拔地而起，眼看即将完工，鲁班却突然发现了一个严重的错误——椽子短了一截！

鲁班急忙查看自己写下的尺寸单子，原来是自己把椽子的尺寸算短了。这么高大的宫殿，屋檐短了，不仅下雨时会洇湿墙壁，久而久之会形成隐患，外观也会极其难看。

这可真是要命的问题。君主定下的完工日期无法更改，金銮殿落成时，朝廷还要举行盛大的落成大典。重新刨料加工椽子，肯定来不及了，到时候交不了工，是要掉脑袋的。

鲁班绞尽脑汁，左思右想，却怎么也想不出一个好办法。他感觉自己的脑子就像一块木头，完全转不动了。

这天夜里，鲁班跨上自己制造的木鸟，一按机关飞上了天空。一路上，鲁班口中念念有词："我造了千座屋、万间房，偏偏给君主建宫殿出了这么大的错，我这一世英名算是毁了，毁了！"

不知不觉间，鲁班回到了家中。他降下木鸟，走进家门，一屁股坐在凳子上，长吁短叹。

鲁班的妻子见他满脸愁容，便问道："你不是在建金銮殿吗？怎么回来了？"

鲁班摆摆手，没有说话。

妻子又问："到底出了什么事，把你愁成这样？"

"出大事了，出大事了！"鲁班边摇头边说。

妻子再问，鲁班只是摇头，一句话也不肯说。

妻子转身走进厨房，不一会儿，端出热腾腾的油饼和菜汤，对鲁班说："不管出了什么大事，都得先吃饭，吃饱了再想办法。"

鲁班头也不抬，脸也不转，依旧坐在那里。妻子从未见过他如此愁苦，心想一定是出了无法挽回的大错。于是，她劝鲁班："大老远跑回来，肯定饿了，先吃点东西吧，说不定吃饱了，办法就想出来了。"

鲁班还是对碗筷无动于衷。

"要不你尝尝我烧的汤咸淡如何，要是淡了，我再加点盐。"妻子哄劝道。

低着头的鲁班突然浑身一震，两眼放光，问道：“你说什么？再说一遍！”

妻子被鲁班的样子吓了一跳，说道：“我说，汤要是淡了，再加点盐。”

鲁班双手一拍大腿，大喊一声：“对！加檐！”

说罢，鲁班站起身，大步走出家门，骑上木鸟，一按机关便飞了起来。他转过头，对跑出来的妻子说：“没事了，我很快就回来！”

鲁班一走，金銮殿的工地上可就乱套了。监工大臣心里像十五个吊桶打水——七上八下。因为要是鲁班一去不回，金銮殿建不成，他的脑袋恐怕也保不住了。监工大臣不停地大骂鲁班的徒弟，徒弟和众工匠个个心惊胆战。

突然，鲁班骑着木鸟回来了。走的时候，鲁班愁眉苦脸；回来时，他脸上却笑眯眯的。徒弟们一看师父的笑脸，就知道师父有办法了。

监工大臣正要责骂鲁班，鲁班挥手说道：“什么也不用说了，我保证按期完工。”

鲁班吩咐徒弟们，在截短的椽子上再接上一截。这样一来，下雨时不但不会淋墙，而且整个屋檐向外探出一块，仿佛要展翅飞翔一般。这便是后来人们所说的飞檐。

（7）鞋与船

在很久很久以前，大海犹如一座取之不尽的宝库，海里的鱼群、虾群密密麻麻，海面上漂浮着大片的海菜花，野鸭欢快地游弋其中。民间有句俗语，叫“靠山吃山，靠海吃海”。在那时，海边的百姓中要是谁有一艘船，出海打上一天鱼，或者在海边打上一天猎，收获的食物足够一家人吃上三天。可现实是，他们大多没有船，面对这丰富的资源，只能望洋兴叹，日子过得穷苦不堪。

后来，世上出了个鲁班，他精通木工、石雕等各种技艺，还造出了能自己行走的“走马房”，远近闻名。鲁班的妻子也是个心灵手巧的人，她时常给鲁班出谋划策，是他工作上的得力助手。海边的百姓听闻鲁班是个了不起的匠人，而且为人热心，乐于助人，便多次前去恳请他帮忙打造一种能出海的工具。

鲁班答应这个请求后，日夜思索，耗费了不少心血。他反复尝试，设计了一个又一个方案，可每次都卡在同一个难题上：怎样才能让像大房子一样的物件稳稳地漂浮在水面上呢？鲁班的妻子也全力协助，出了许多主意，夫妻二人一次次尝试，却都以失败告终。

一天，鲁班妻子去河边洗衣服，顺手把她的一双翻头鞋放在了河堤上。突然，河面上刮起一阵旋风，眨眼间就把鞋子吹进了河里。等风过去，鲁班妻子睁眼一看，惊奇地发现鞋子竟然稳稳地漂在水面上。她心里一急，三步并作两步跳进河里去捞。鞋子在水面上漂来漂去，一会儿漂到这边，一会儿又漂到那边。鲁班妻子看着鞋子不沉底，脑海中突然闪过造船的事。她索性坐在河岸上，目不转睛地盯着鞋子，就这样看了许久，才捞起鞋子回了家。

回家的路上，鲁班妻子一直在思考鞋子漂浮的缘由，可怎么也想不明白。到家后，她又把鞋子拿在手里，仔细琢磨，连鲁班喊她吃饭都没听见。

鲁班觉得有些奇怪，问道：“这鞋子有啥稀奇的，让你看得连饭都不想吃了？”“这鞋子可太稀奇了！”鲁班妻子说道。

鲁班追问道：“到底稀奇在哪儿？你快说说。”

鲁班妻子这才把事情的经过详细说了一遍，最后疑惑道：“鞋子落水不沉底，你说这到底是啥原因？”

鲁班听后，朝翻头鞋瞟了一眼，像是发现了新大陆一般，兴奋地大声叫起来：“一是空心，二是不漏水。空心又不漏水，自然就不会沉底！”说着，他一把抓起鞋子，往荷包里一塞，抬脚就要往外走。

鲁班妻子连忙喊道：“你看看你，湿鞋子怎么能往荷包里塞呢！”

鲁班低头一看，这才回过神来，不禁笑了。

接着，鲁班妻子提议道：“你看，咱们能不能造一个像翻头鞋一样的东西。”“对，我刚才也是这么想的！”鲁班兴奋地回应道。

于是，鲁班日夜赶工，仿照翻头鞋的样子，打造出了一只小巧的木船。木船造好后，夫妻俩满心欢喜地把它抬到海里。果不其然，小木船稳稳地漂在了水面上。随后，鲁班又依照小木船的模样，造了一艘大船，还在船里装了不少东西。他们再次来到海边试验，大船果然成功地漂浮起来。夫妻俩兴奋极了，一同跳上船，在海面上划了好一会儿，小船随着海浪漂来漂去，别提多自在了！

回到家后，鲁班和妻子又赶制了许多船，送给海边的百姓。从那以后，海上有了船，海边百姓的生活也有了依靠，日子逐渐好了起来。

（8）土堆亭

鲁国的一位贵族打算在自家院子里建造一座豪华的亭子，不巧的是，当时鲁班正好去南方干活了，这项工程便交给了他的徒弟。

这位贵族一心想将亭子打造成彰显身份地位的独绝之作，特意要求亭子的顶盖必须用一整块石头精心雕刻而成。

徒弟依照贵族的要求，精心绘制好了图纸。他计划用木柱撑起石头做的亭盖。设计完成后，徒弟拿着图纸去找师父鲁班，希望得到他的指点。鲁班接过图纸，仔细看了看，没有说话，而是顺手拿起一块饼，径直走到屋外。徒弟满心疑惑，赶忙跟在师父身后。只见鲁班把饼放在几根草茎上，草茎刚一受力，摇晃了几下，便被饼压断了。

徒弟见状，瞬间明白了师父的用意：原来木柱难以承受石头亭盖的重量，得把木柱改成石柱才行。

徒弟带着工匠们开始紧锣密鼓地施工，他们先打造石柱，接着雕刻巨石亭盖。石柱顺利立了起来，亭子顶盖也雕刻得精美绝伦。贵族每天都会来监工，看到亭子上的图案栩栩如生，对工匠们的手艺赞不绝口。

所有的准备工作都已完成，可就在这时，徒弟却犯了难。他望着那巨大的石质亭盖，不知所措。这么个大家伙，究竟要怎么才能搬到柱子上去呢？他懊悔不已，怪自己当初设计时考虑不周。亭子顶盖雕刻得再漂亮，如果无法安装到立柱上，那也只是一块毫无用处的废料。

无奈之下，徒弟只好连夜赶路，去找师父鲁班求教。鲁班看到徒弟火急火燎地赶来，心中已然猜到了几分，脸上露出了一丝笑意。

徒弟见到师父，赶忙说明来意，恳请师父帮忙想办法。鲁班却不慌不忙地说："先吃饭吧，吃饱了才有力气想办法。"徒弟心急如焚，哪里还有心思吃饭，只是一个劲儿地摇头。

鲁班也不再勉强，他拿起两碗米倒在桌上，把四根筷子插在米饭里，筷子只露出一点点头。随后，他又把一只空碗倒扣在筷子上。鲁班笑眯眯地看着徒弟，徒弟则瞪大了眼睛，盯着桌上的米堆、米堆里的四根筷子，以及筷子上的碗，一时间陷入了沉思。过了一会儿，徒弟恍然大悟，咧开嘴笑了起来。他一边搓着手，一边连声说道："师父，我明白了，明白了！"

鲁班点头说道："这方法就叫'土堆亭'。"

徒弟回到工地后，立刻让匠人运来大量的土，把四根石柱围了起来。接着，他们顺着土坡，连拉带推地把那块石头顶盖运了上去，使其与四根石柱稳稳地扣合在一起。最后，再把周围的土运走，一座精美的亭子就这样建成了。

（9）鱼抬梁

鲁班常年在外游历，每到一个地方，只要看到匠人遇到困难，他总会凭借自己的智慧，想出绝妙的办法，帮助他们解决难题。

有一次，鲁班来到一个地方，路过一个卖鱼的店铺门口时，迎面碰上一个人满脸沮丧地从铺子里走出来。卖鱼人在门口热情地招呼道："今天的鱼可新鲜了，你不称两条？"

那人停下脚步，不耐烦地说："那就称两条吧。"

卖鱼人迅速抓了两条活鱼，用秤钩挂住鱼嘴，边称鱼边关切地问道："上梁的日子快到了，你想出办法来了吗？"

鲁班一听，便知道这是个遇到麻烦的匠人。那匠人只是闷声哼了一下，算是回应，随后提了鱼就匆匆离开了。

鲁班走上前，向卖鱼人打听情况。卖鱼人是个直性子，快人快语。他告诉鲁班，这人是当地有名的工匠，眼下正在建造一座寺庙，可没想到，好不容易找来的一根做大梁的木料，却不小心截短了。眼看快到完工日期，他还没想出补救的办法，正发愁呢。

鲁班打听清楚建庙的工地位置和匠人的住址后，便告别了卖鱼人。他先来到工地，此时工地上空无一人，那根截短的大梁横躺在地上。鲁班走上前去，仔细量了量尺寸，脸上露出了一丝神秘的微笑。

接着，鲁班找到了匠人的家。他推开门，只见匠人坐在堂屋的方桌边上，盘子里的鱼热气腾腾，散发着诱人的香味，可匠人却满脸愁容，连筷子都没动一下。

鲁班拱手说道：“打扰了，我是鱼日村的木匠，路过此地，想歇歇脚。”

匠人抬头看了看鲁班，说道：“进来坐吧。”接着又疑惑地问道：“师傅不是本地人吧？我怎么没听说过鱼日村呢？”

鲁班微笑着回答：“远得很哩。”随后，他随口问道：“师傅为何发愁，这么香的鱼都不吃？”

匠人叹了口气，把事情的来龙去脉详细地讲给鲁班听，最后无奈地说：“交工的日子马上就到了，我哪还有心思吃饭啊！”

“再难的事也得先吃饭呀！”鲁班摆摆手说，“师傅，你去打点儿酒来，咱们边吃边想办法。”

匠人起身，朝鲁班拱手致歉：“对不住了，我光顾着想心事，怠慢了远道的客人，你稍等，我这就去打酒，马上回来。”

匠人打酒回来，却发现客人不见了。再看桌子上，两条鱼分别放在两个碗里，尾巴朝外，鱼头对着鱼头，一根竹筷两头分别插在两条鱼的嘴里。

匠人站在桌前，端详着鱼和筷子，恍然大悟，激动地大叫起来：“这是鱼抬梁！这是鱼抬梁！”他心想，自己一定是遇到了高人！匠人心里琢磨着：“他说来自鱼日村，一个‘鱼’一个‘日’合起来不就是‘鲁’字吗？这难道是鲁班师傅？”

匠人转身跑出家门，向路人打听："你们见到鲁班师傅了吗？"他一边问，一边向人们描述鲁班的相貌，可刚才他只顾着发愁，根本没留意鲁班长什么样。

匠人赶忙把工匠们召集起来，兴奋地告诉大家："我碰见鲁班师傅了，他给我们想出了好办法！"

于是，匠人把鱼抬梁的图画出来，让大家照着做。匠人们连夜赶工，精心雕刻出两个栩栩如生的"大鲤鱼头"。木梁的两头被巧妙地插进两个"鱼嘴"里，跟鲁班在饭桌上摆得一模一样。

到了上梁的日子，鞭炮声震耳欲聋。在众人的欢呼声中，鱼抬梁稳稳地落在山墙上，严丝合缝。匠人们都高兴地笑了，纷纷赞叹道："鲁班师傅真是巧夺天工啊！"鱼抬梁不仅完美解决了大梁尺寸不够的难题，还让整个建筑更加美观大气，成为当地的一处独特景观。

鲁班师徒的传说概述

鲁班，作为中国古代建筑和木工领域的传奇人物，围绕他与徒弟们的传说浩如烟海，在鲁班传说体系中占据显著比重，流传极为广泛。这些传说以师徒关系为核心，故事中的鲁班不仅展现出超凡绝伦的技艺，成为徒弟们专业上的引路人，更是在道德层面树立了完美典范，其高尚的思想品格与道德风貌，如同一盏明灯，时刻规范、教导并警醒着徒弟们的行为。

在鲁国故都曲阜，众多的鲁班师徒传说世代流传，蕴含着人们在道德层面应当遵循的基本准则，这些准则构成了"人之所以为人"的道德底线，深刻体现出儒家文化的深远影响。像"是（柿）木不开”“没有良（量）心”与“巧在机关”等经典传说，巧妙地将道德命题融入生动的故事，读者在品味故事的过程中，能强烈感受到道德与技艺之间的矛盾冲突。如何在追求高超技艺的同时坚守正直诚实的为人之道，成为一个值得深思的问题，而这种矛盾在传说中不断冲击着人们的心灵，引人思索。

“巧在机关”讲述了人须正直诚实，仅凭小聪明难成大事的道理，“没有良（量）心”也传达了类似的主题。这些传说并非生硬说教，而是巧妙留白，给予读者充足的思考与想象空间，让读者在阅读时自主领悟其中的深意，足见传说创作者对艺术分寸的精准把握。“是（柿）木不开”则严厉谴责了弄虚作假、不诚实的虚伪行径，传说结尾意味深长，徒弟的不诚信致使宝物失灵，令人反思“因失信已错失诸多美好”的道理。

鲁班师徒的传说选录

（1）巧在机关

鲁班门下徒弟众多，个个皆是能工巧匠，然而他们的性格却大相径庭：有的沉默寡言，一心沉浸于技艺钻研；有的眼疾手快，心思灵活，遇事善于变通，不乏创新之举。其中，有个名叫赵巧的徒弟，便是后者中的典型。

赵巧人如其名，在师兄弟间以聪慧敏捷见称，有时鲁班制作物件，他瞧上一眼，便能依样模仿。鲁班见他如此机灵，常忍不住夸赞。但久而久之，鲁班发现赵巧过于自负。只因有时鲁班话未说完，他便自作主张地行动，结果往往事与愿违。此时，鲁班便会告诫他：“赵巧啊，切不可骄傲自满，要学的东西还多着呢。做人做事不能浮躁，须脚踏实地。”赵巧嘴上应着“知道了，师父”，却并未真正放在心上。

一日，鲁班家的毛驴患病，无法继续拉磨。这头毛驴为鲁班一家及众徒弟拉磨磨面，是他们家的得力助手。平日里大家习以为常，毛驴一病，其重要性便凸显出来。鲁班吩咐徒弟们先去工地干活，自己则留在家中琢磨，决心打造一头木驴替代生病的毛驴拉磨。

木驴制成后，拉动磨盘的步伐均匀有力，仿若真驴一般。徒弟们对师父的精湛手艺钦佩不已，一时找不到更贴切的词，只是望着拉磨的木驴，连声惊叹：“真是神了！真是神了！”众人眼中满是惊奇与赞叹，唯有赵巧眼中多了几分探究之意。他默默观察着木驴的一举一动，暗自揣摩其结构，边看边记。他心想，这木驴的结构看似并不复杂，师父能做，自己也一定能行！

次日，赵巧趁师父不在家，悄悄跑来丈量木驴的头、身以及腿的尺寸，随后回家自行制作木驴。凭借出色的模仿能力，没过几天，他便打造出一头与鲁班的木驴外观一模一样的木驴。然而，鲁班的木驴灵活能拉磨干活，赵巧的木驴却如同死物，虽外观光滑漂亮，甚至胜过师父的木驴，却动弹不得。赵巧顿时不知所措，绞尽脑汁地思索，仍找不出问题所在。

于是，他再次偷偷前往鲁班家，重新丈量了一遍木驴的尺寸，确认各个部位尺寸无误。可木驴为何就是不动呢？他想去请教师父，却又因自己偷学技艺之事不光彩，实在难以开口。

恰在此时，鲁班来了。他早已从其他徒弟处听闻赵巧偷做木驴之事，深知这个徒弟聪慧灵巧。对于赵巧偷艺，鲁班并未生气，只是前来看看木驴的制作进展。

赵巧见师父到来，心中不免慌乱，但木驴就摆在眼前，无法隐瞒，只能听凭师父处置。鲁班问道：“你的木驴造好了吗？”机灵的赵巧并未如实相告，而是回应：“还差一点儿就成了。”说话间，他小心翼翼地观察鲁班的表情。鲁班一眼便看出木驴两只耳朵中间的木楔子尚未安装，而这木楔子连接着内部机关，正因如此，木驴才“死”气沉沉，无法动弹。赵巧见师父的目光停留在驴耳朵中间的小孔处，瞬间意识到问题的关键所在。原来，鲁班的木驴干活时，耳朵中会插上木楔子，木驴便灵动起来，如同钥匙开锁一般，拔掉木楔子，木驴就会停下。

赵巧背着师父研究木驴时，木驴刚干完活，木楔子已被拔掉，所以他遗漏了这个关键部件。赵巧赶忙拿起斧子，砍出一个木楔子，说道：“师父，就差这个木楔子了！”鲁班心中明白赵巧的心思，脸上露出淡淡的笑容，并未拆穿他，只是暗自感叹：这小子果然机灵！

赵巧将楔子插入木驴头部，可木驴依旧纹丝不动，他顿时傻眼了。鲁班说道：“赵巧啊赵巧，做事不能只注重表面。木楔子与里头的机关相连，仅有楔子，没有内部机关，这驴还是死驴。”赵巧满脸通红，低下头说道：“原来是这样。”鲁班微笑着总结道：“巧在机关。”

（2）是（柿）木不开

鲁班在终南山拜师学艺，历经三年艰苦磨砺，尝尽千辛万苦，终成一代工匠大师。

这三年间，鲁班对砍树、锯木、刨木、凿眼等基础工序了然于心，并将师父建造楼阁桥塔、制作椅凳箱柜等精湛手艺的精髓一一学到了。学徒期满时，师父为检验他的技艺，要求鲁班将所有模型拆除，然后重新制作。鲁班凭借所学，将一件件模型精巧地再造出来，件件玲珑剔透，令人称奇。

师父一边查看，一边点头赞许，接着又出了难题——让鲁班制作一些与之前不同的模型。鲁班不慌不忙，潜心思考，最终成功地造出了师父要求的模型。师父轻抚长长的胡须，对鲁班的聪明才智和精湛技艺赞不绝口。

“徒儿，为师的手艺你已全部掌握，”师父说道，“你也该下山了。”鲁班心中满是不舍，师父却语重心长地说：“为师一天也不多留你，下山后，有诸多事情等待你去完成。”说罢，师父拿出一个墨斗递给鲁班：“为师没什么贵重礼物相送，这个墨斗你带在身边，日后定有用处。”

鲁班接过墨斗，心中有些惭愧，自觉尚未报答师父恩情，却先接受师父馈赠。师父接着说道：“你可别小瞧这个墨斗，它乃一件宝物。只要用它在木料上打好线，用脚一踢木料，木料即刻便能分开。”鲁班闻言，惊讶得瞪大了眼睛。

师父郑重叮嘱：“切记！一定要用终南山的泉水浸湿墨斗，若用其他地方的水，它便会失去神奇功效。”鲁班坚定地回应：“徒儿记住了。”随后，在师父面前跪地拜别。

鲁班下山后，凭借高超的技艺声名远扬，那个神奇的墨斗更是助力他在诸多工程中按时完工，再艰巨的工程也难不倒他。

一日，鲁班带领徒弟建造一座阁楼，在给一块柿子木打线时，因墨斗干涸，无法出线。鲁班吩咐一名徒弟带上墨斗前往终南山用泉水浸湿，特意强调必须用终南山的泉水。徒弟带着墨斗踏上行程，从晌午走到天黑，又从天黑走到天亮，累得口干舌燥、饥肠辘辘。

他一屁股坐在石头上，心想：这要走到何时才能抵达终南山啊？他灵机一动：何必非得用终南山的泉水，只要有水不就行了？反正神奇的是墨斗，又不是泉水。于是，他在墨斗中撒了一泡尿，等到天亮便返回了。

鲁班见徒弟带着墨斗归来，问道："你用终南山的泉水浸湿墨斗了吗？"徒弟低着头回答："是的，师父。"鲁班见他这么快就回来了，心中起疑，又问："你在山的何处浸湿墨斗的？"徒弟牢记师父讲述的终南山景物，早已编好说辞，便将编造的谎言说了一遍。

鲁班心想，真假与否，一试便知。他拿过墨斗在柿木上打线，打完后，看了徒弟一眼。徒弟不敢直视师父，眼睛盯着柿木。鲁班说道："柿木开不开，一切自见分晓。"言罢，他抬脚踢向木料，木料却一动不动。鲁班心中明白，宝物已然失灵。

徒弟见木料毫无反应，心中慌乱，不停地一脚又一脚踢着木料。鲁班大声喝道："别踢了，从此以后，是（柿）木不开了！"

（3）没有良（量）心

鲁班声名远播，四面八方的人纷纷前来拜师学艺。一批又一批徒弟学成后离开师父外出闯荡，凭借手艺修桥建房。

鲁班一直没有留下徒弟在身边做帮手。一段时间内，他手头的活计繁多，独自忙得不可开交。有个叫王恩的徒弟，乖巧伶俐，鲁班十分喜爱，便有意将他留在身边。

然而，王恩见师兄弟们一个个都离开师父，在外面独当一面，自己也心生向往，渴望出去一展身手。他觉得跟随师父几年，该学的手艺都已学会，天天在师父家帮忙，逐渐感到厌烦。

一天，鲁班和王恩一同拉锯解木头，王恩趁机对师父说："师父，我想自己出去闯荡。您教的手艺我都学会了，师兄弟们都能独立做事，我也想出去证明自己。整天在这里干些粗活，实在没什么意思。”鲁班见他心意已决，强留也无意义，便说：“若你觉得自己已无所不通，那就去吧。”

王恩离开后，鲁班没了帮手，拉锯解木头这类活计难以开展，后续的精细活也无法进行。鲁班思索着给自己找个帮手，他想到徒弟迟早都会离开，不如打造一个木人帮忙干活。木人很快制作完成，干起活来又稳又快，鲁班十分满意，将木人安置在一间屋子里，自己则去忙其他事情。

王恩外出后，承接了不少活计，却诸事不顺，一遇到困难便束手无策。此时，他才意识到自己并未真正掌握师父的手艺，后悔当初离开师父独自闯荡，于是硬着头皮回到鲁班处。王恩来到鲁班家，听到有拉锯声，心中疑惑：“师父又收新徒弟了？”他边想边朝着声音传来的屋子走去。王恩站在门口，只听见“唰唰”的拉锯声，却听不见人声，越发觉得奇怪，于是喊道：“师父！师父！”无人回应。

王恩推开门，瞬间惊呆了，只见两个木头人正在来回拉锯。这可是师父从未教过的绝技啊！王恩心想，若能学会制作木人的绝技，今后无论走到哪里都能立足。

于是，王恩趁师父不在，偷偷量好了木人的各种尺寸，心中既兴奋又紧张，像是十五个吊桶打水——七上八下的。回到家后，他按照偷量的尺寸忙活起来，经过三天三夜的努力，终于造出了木人。他左看右看，觉得木人与师父的毫无二致，心中欣喜不已。

可是，当王恩装上木料让木人干活时，木人却如同一截木头，纹丝不动。他反复研究了三天，依旧毫无头绪。无奈之下，王恩只得再次去找鲁班，将自己偷学制作木人的事情一五一十地告诉了师父。鲁班并未立刻责怪他。

王恩问师父："为什么我仿照您的木人制作，它却不会动呢？"鲁班问道："你量的尺寸都准确吗？"王恩回答："都准确，我量得很仔细。"鲁班又问："量头了吗？""量了。""量胳膊了吗？""量了。""量腿了吗？""量了。"鲁班突然转头看着王恩，王恩紧张得手心出汗，鲁班紧接着问道："你量心了吗？"王恩一愣，下意识回答："没有……我没有量心。"

后来，这个故事流传开来，王恩被演绎成"忘恩"的典型，"没有量心"也变成了"没有良心"。

鲁班传说历经无数人加工与再创造，每一位讲述者的讲述都是一次独特的再创作。但也正因如此，同一个鲁班传说，在不同地区甚至是不同的讲述者中，都会呈现出各自的特色，这也是鲁班传说的魅力所在。

附录二：鲁班圣迹图(节选)

1. 立志学艺 鲁班自幼立志学艺，他热爱劳作，心灵手巧，进步很快。

2. 因草造锯 鲁班在赴鲁国南山督促弟子伐木时，因手被有齿的草划破而产生灵感。回家后经过反复试验，发明了铁锯。

3. 规矩方圆　公输子鲁班，造极木作之圣，研究造化规矩，规以为圆，矩以为方。孟子曰："公输子之巧，不以规矩，不能成方圆。"

4. 母智妻贤　母亲的智慧启发鲁班发明了墨斗和放线用的竹节钩，妻子的创见促使鲁班在做工用的大板凳前头上面安上了木橛卡口，放线、刨木一个人就可以完成了。

5. 伞避暑雨　鲁班妻子云氏受其夫造亭为工匠遮阳挡雨和莲叶顶在头上能防晒遮雨的启发，发明了能行走的“亭子”——雨伞。

6. 钻眼取孔　鲁班将钉帽砸扁，固定在转杆下头，左手按住转杆帽，右手快速推拉皮条环绕转杆钻头，发明了木钻。

7. 碾磨粉粮　为了改变舂米成面的笨重、低效的老办法，鲁班在鲁国曲阜管勾山石堂，顺手“牵”块圆石头按在石板上滚动，发现沙砾被碾成了粉末，受滚石碾面启发创造了石槽子碾、转盘子碾。《世本·作篇》载：“公输作磨。”老黄牛反刍出白沫启发鲁班又发明了上下两扇磨齿石板转磨成面的转盘子磨。

8. 橹速舟快　鲁班仿照鞋子造船后，又发明了一种独特的推进船舶的工具——橹。橹巧妙地利用杠杆原理，来回摇动担绳，就可使橹板摆动拨水推进船前进，且能管控方向。

9.梯高入云 《墨子·公输》载："公输盘为楚造云梯之械，成。"《史记·孟子荀卿列传》索引载："梯者，构木瞰高也；云者，言其升高入云，故曰云梯。"高五丈余，可探可攻。

10.削木为鸢 《墨子·鲁问》载："公输子削竹木以为鹊，成而飞之，三日不下。"鲁班发明的飞鸢被誉为我国最早的飞行器。

11. 钩强之器　《墨子·鲁问》载："公输子自鲁南游楚，焉始为舟战之器，作为钩强之备，退者钩之，进者强之。"

12. 攻城之器　史载鲁班制造了很多攻城器械。这些器械有瞭望、抛石、撞击等功能。

13. 刻图九州　《述异记》载：“鲁班刻制九州地图。”民间传说，鲁班是人类沙盘模型的创始者。

14. 百姓尊崇　鲁班卒后，鲁国故都曲阜人民为了纪念百工师表，在鲁国城内其故宅处修建了鲁班庙，宋代称“工师庙”，榜曰“艺圣庙”。尔后各地效仿。

15. 各类发明　鲁班为了减轻百姓的劳动强度，发明创造了许多木石铁器。如斧、凿、铲、刨、舟船、弓矢、风箱、铅锤、纺车等。

16. 建筑创造　在建造宫殿和民居时鲁班发明了土堆亭、鱼抬梁、榫卯结构的斗拱和鲁班锁等，建造了很多亭、台、阁、桥等。

17. 帝王封谥 历代帝王为鲁班赠号封谥，题匾立传，建庙奉祀，承传不绝。

18. 复鲁班殿 2016 年，鲁国故都曲阜在中国两院院士、清华大学教授吴良镛先生题名的“鲁班故里园”恢复了鲁班殿。全国政协原主席李瑞环欣然题写“鲁班殿”匾额。

附录三：曲阜古建名企承建的代表工程

海南南山寺仿唐建筑群，曲阜市园林古建工程有限公司（文保、古建双一级资质）建设。

二龙戏珠为琉璃瓦系列产品，曲阜市琉璃瓦厂有限公司烧制。瓦厂始建于明洪武年间，我国古代三大御封窑之一，是国务院批准的“国家级非物质文化遗产"单位。

曲阜蓼河古街，儒韵水岸·古今交融文化商业新地标，山东（曲阜）鲁班古建集团投资建设。

编后记

近几十年来，尤其是党的十八大以来，在弘扬中华优秀传统文化的时代浪潮中，鲁班文化愈发彰显其独特魅力，吸引着世人的目光。世界各地的“鲁班工坊”如雨后春笋般涌现，它们不仅搭建起文化交流的桥梁，而且点燃了人们探寻鲁班其人其事的热情。世人皆知鲁班是名垂青史的伟大工匠，然而他身上所蕴含的精神文化内涵，仍有待深入发掘与阐释。

曲阜鲁班研究会成立二十年以来，步履不停，始终坚持以史为鉴、求真务实、执着奉献的精神，以弘扬鲁班文化精神为己任。每年如期举办的“中国曲阜鲁班文化节”等纪念活动，堪称一场场文化盛宴，饱含着对鲁班的敬仰与追思；编辑出版的一系列图书，似一条条文化纽带，将鲁班文化的精髓传递给更多人。令人振奋的是，近年来鲁班文化的弘扬工作迎来新的突破——清朝光绪年间的《姬氏志》重现于世，其中明确记载公输子为鲁穆公次子。这一重大发现如拨云见日，不仅确凿印证了鲁班出身鲁国公室的推测，更让长期以来关于鲁班史料的诸多疑问迎刃而解，为鲁班文化研究掀开了崭新的一页。

我们深感肩负着让世界更深入了解鲁班、了解中国的使命，值2025 年 6 月 16 日山东曲阜鲁班故里园第 20 届中国曲阜鲁班文化节举办暨曲阜鲁班研究会成立二十年之际，《曲阜的鲁班 · 世界的鲁班》一书应运而生。本书的编纂工作凝聚了多方心血与支持：曲阜市委、市政府领导鼎力相助，为本书的顺利出版提供了坚实保障；市政协原主席、曲阜鲁班研究会首任会长现荣誉会长赵元山先生，山东理工职业学院原党委书记、曲阜远东职业技术学院院长、曲阜鲁班工匠学院院长、曲阜鲁班研究会荣誉会长许可先生，不仅给予具体切实的指导，而且亲自为本书定名。中国文联民间文艺家协会原书记罗杨先生，欣然挥毫为本书题写了书名，其中饱含着对曲阜鲁班文化的深厚情怀。

在本书创作过程中，国家级非遗“鲁班传说”山东省级代表性传承人、济宁市非遗保护十大模范传承人、曲阜鲁班研究会副会长兼秘书长、曲阜鲁班研究会党支部书记刘玉明以及副秘书长孔伟、房伟等学者怀着对鲁班文化的赤诚之心，勇挑重担，撰写相关章节。他们克服时间紧迫的困难，牺牲休息时间，夜以继日地投入写作，只为将最翔实、最生动的鲁班形象呈现给读者。市政协原党组成员，曲阜市委党校原党委书记、常务副校长，曲阜鲁班研究会常务副会长孔庆国先生，以卓越的协调能力，全程统筹本书编辑出版的各个环节，他的智慧与心血贯穿始终，堪称本书诞生的“总指挥”。

本书的出版，特别感谢山东（曲阜）鲁班古建集团董事长、古建文化商会会长、名城设计院院长、曲阜鲁班研究会副会长孔涛和国家级非遗曲阜琉璃瓦制作技艺代表性传承人、曲阜园林古建集团董事长、曲阜鲁班研究会副会长王树宝先生，他们二位及山东华艺古建筑工程有限公司董事长赵金来先生慷慨资助了本书的出版。

鲁班，生于山东曲阜，与老乡孔子一样，其影响力早已超越地域界限，他所代表的技艺与智慧成为世界共享的文化瑰宝。他手中的墨斗、矩尺代表着技艺的高度，他所拥有的匠心智慧凝聚着文明的厚度。《曲阜的鲁班·世界的鲁班》一书，不仅是对鲁班生平事迹的系统梳理，而且是对鲁班精神文化内涵的深度挖掘。愿此书能成为一把钥匙，打开世人认识鲁班、了解中国传统文化技艺的大门，让鲁班精神在新时代焕发出更加耀眼的光芒，为推动世界文明交流互鉴贡献中国智慧与力量。

杨朝明

2025 年 5 月 28 日